Julia Kathan

# Alles für ein bißchen Liebe?

Julia Kathan

# Alles für ein bißchen Liebe?

*Schluß mit Warten & Schmachten!*

*Liebessucht erkennen und heilen*

Omega

**Bibliografische Information der Deutschen Bibliothek**

Die Deutsche Bibliothek verzeichnet diese Publikation in der Deutschen Nationalbibliografie; detaillierte bibliografische Daten sind im Internet über http://dnb.ddb.de abrufbar.

1. Auflage – September 2008



Lektorat: Gisela Bongart M.A., Ulrike Kerstiens, Helga Seiler
Coverentwurf: Hermann R. Lehner
Satz: Martin Meier

Druck: FINIDR, Český Těšín, Tschechische Republik

ISBN 978-3-930243-46-4

Dieses Buch wurde nach den Regeln der alten Rechtschreibung lektoriert.



***Omega***®-Verlag, Gisela Bongart und Martin Meier (GbR)

D-52080 Aachen • Karlstr. 32
Tel: 0241-168 163 0 • Fax: 0241-168 163 3
e-mail: info@omega-verlag.de
www.omega-verlag.de

# Inhalt

## Teil II: Ursachen



## Teil III: Transformation

# Danksagung

Ich danke von Herzen meinen buddhistischen Ratgebern Richard Sonoda und Yoshi Matsuno, meinem Partner Giovanni Galli, meiner Ma Bella Kathan, meinem indianischen Seelenverwandten Peter Acosta, meiner ersten großen Liebe, meiner Wassermann-Soul-Sister Gisela Bongart und meinen Hellseherinnen Annette Braun und Susi Schenk!!! Ohne euch alle gäbe es dieses Buch nicht.

# Vorwort

Die Liebe ist ein wundervolles Geschenk, und gerade das Gefühl, verliebt zu sein, macht das Leben spannend, aufregend und wundervoll. Geschenke soll man nicht zurückgeben, sondern öffnen und sich darüber freuen.

Leider erhalten wir das schöne Gefühl des Verliebtseins ohne Gebrauchsanweisung, und so wird Liebe oft mißverstanden. Wir tappen leicht in die Falle der Abhängigkeit und sehen den geliebten Menschen als einzige Quelle jeglichen Glücks.

Diese Tendenz führt verbreitet dazu, daß das Geschenk der Liebe zu einer Art Droge wird, die uns traurig, verzweifelt und abhängig machen kann. Wenn das geschieht, schlägt die wundervolle Begegnung schnell in eine schmerzvolle, lästige und auch sehr traurige Angelegenheit um. Wenn wir glauben, ohne dieses „Geschenk" beziehungsweise ohne den vermeintlichen Traumprinzen nicht mehr leben zu können, uns ohne ihn absolut leer und verlassen fühlen, verwechseln wir etwas: Wir halten romantische Bedürftigkeit für Liebe!

Wahre Liebe hat nichts mit Suchtverhalten zu tun. Liebe kommt von innen, sie ist da, jetzt und hier, nicht erst durch die Menschen, die wir treffen und die uns diese Liebe widerspiegeln. In uns war und ist sie zu jeder Zeit, nicht nur dann, wenn wir Schmetterlinge im Bauch haben und die Welt rosarot sehen.

Natürlich, in dem Moment, wo wir uns verlieben, zerspringen wir fast vor Energie und Glück, und der geliebte Partner ist der äußere

Anlaß, durch den wir dieses Glück erfahren. Leider schwindet das Verliebtheitsgefühl nicht nur mit der Zeit – in der Regel nach den berühmten drei Monaten –, sondern es kommen auch andere, weniger angenehme Gefühle hinzu: Bedürftigkeit, Minderwertigkeitsgefühle, Eifersucht, Verlustangst, Kontrollbedürfnisse – alles Emotionen, die unsere Liebesabhängigkeit ans Licht bringen und unsere Liebesfähigkeit einschränken.

Manche Menschen sind immer schon mit der Liebe verbunden, andere suchen sie ein Leben lang, wieder andere gar nicht, und manchen gelingt es erst nach zahlreichen leidvollen Erlebnissen, mit ihr in Kontakt zu kommen.

Ich bin weder Psychologin noch sonst eine anerkannte Expertin in Sachen Liebessucht und kann nicht behaupten, alle Lösungen zu kennen. Im Grunde habe ich nichts weiter anzubieten als die Schlüsse, die ich aus meiner eigenen Liebessucht ziehen konnte. Ich bin in der Schule der romantischen Liebe unzählige Male sitzengeblieben und mußte meine Lektionen daher doppelt und dreifach lernen. Mein Herz lag jahrelang unterm Messer, es wurde x Mal gebrochen und von mir wieder zusammengeflickt. Ich rannte so lange mit dem Kopf gegen die Wand, bis ich nicht mehr konnte und einsah, daß die Mauer stärker war als mein Brummschädel. Erst als es so weh tat, daß ich nicht mehr weiter wußte, war ich bereit, meine Strategien in Sachen Liebe an den Nagel zu hängen.

Durch meine Spiritualität und die Begegnungen mit irdischen Helfern, die so heilsam für mich waren, daß sie mir nicht von dieser Welt schienen, öffnete ich mich langsam für die Möglichkeiten, neue, glücklichere Erfahrungen mit der Liebe zu machen, sei es in einer Paarbeziehung, sei es mit mir selbst. Heute kann ich von mir sagen: Ich liebe mich. Ich kenne die „wahre Liebe“ und stehe in ständiger Verbindung mit ihr. Jeder Schritt auf sie zu ist ein Gewinn, denn erst diese Liebe gibt unserem Leben einen Sinn.

Ich hoffe, dieses Buch kann dir dabei helfen, dein liebessüchtiges Verhalten zu erkennen und es in wahrhaftige Liebe zu transformieren. Es soll Lust machen, sich in die Liebe, die nicht weh tut, zu verlieben und unberührtes Neuland zu betreten.

# Teil I

# Wirkungen

# 1 Liebe und Liebessucht

Was ist Liebe? Das ist die Frage aller Fragen! Wofür genau steht das große Wort, unzählige Male besungen und beschrieben? Es ist schon seltsam mit der Liebe – sie ist in aller Munde, und doch fühlen sich die wenigsten von uns in der Lage, sie eindeutig zu beschreiben. Obwohl wir uns so schwer damit tun zu formulieren, was Liebe ist, behaupten die meisten von uns, sicher zu sein, jemanden wirklich zu lieben. Es stellt sich die Frage: Wie können wir sicher sein?

Jeder Mensch liebt auf seine Weise, und es gibt verschiedene Arten und Facetten von Liebe: Nächstenliebe, Elternliebe, Tierliebe, Freundesliebe, platonische Liebe, Selbstliebe, erotische oder romantische Liebe ... In Indien unterscheidet man 30 verschiedene Arten von Liebe. Was ich meine, ist die „aufrichtige" Liebe, die leider in romantischen Paarbeziehungen nicht so häufig gelebt wird.

Liebe ist mit Sicherheit die stärkste Zuneigung, die ein Mensch für einen anderen zu empfinden fähig ist. Sie ist ein Gefühl inniger und tiefer Verbundenheit mit einer Person, die über den reinen Zweck einer zwischenmenschlichen Beziehung hinausgeht. Sie drückt sich vor allem durch aktive Zuwendung zum anderen aus und empfängt, während sie gibt. Es ist eine Energie, die Brücken zwischen den Herzen baut, das Ich und das Du zu einer Einheit verschmelzen läßt und eine unwiderstehliche Anziehungskraft besitzt.

Lieben wir auf diese Weise? Entsenden wir dieses starke Gefühl aus unserem Herzen wie ein Geschenk an diejenigen, die es empfangen sollen? Oder sind wir nicht vielmehr damit beschäftigt, eine Person anzuhimmeln, und fixieren uns darauf, wie wir sie in unser Leben ziehen und festhalten können? Jemanden einfach nur „haben zu wollen“ ist nichts anderes als unfreie, kindliche Bedürftigkeit, die nichts als unfreie, leidvolle, kurzfristige und eben „abhängige Beziehungen“ auslösen kann.

Was Männlein und Weiblein in Sachen Beziehung so alles miteinander veranstalten, hat schon viel Komisches – wenn es nur nicht so traurig wäre! Sie scheinen ein unglaubliches Talent zu haben, sich in selbstzerstörerische Dramen hineinzuverstricken, die sie Liebe nennen.

Wie kann eine so starke Kraft wie die Liebe dermaßen mißverstanden werden? Was haben gegenseitige Verletzungen mit Liebe zu tun? Sie zeigen nur, wie schlecht es der Person geht, die verletzt, und wie egal es ihr ist, ob der andere durch bestimmte Worte und Handlungen leidet oder nicht.

Wir klammern uns an den anderen und engen ihn ein: aus Liebe. Na, klar! Wir drohen dem anderen an, uns das Leben zu nehmen, weil wir ihn ja so sehr lieben!

Das Etikett der Liebe klebt auf Unzulänglichkeiten, Unsicherheiten, Ängsten aller Couleur, Eifersüchteleien, Egozentrik, Machtspielchen, sexuellen Phantasien etc., und irgendwie scheint der Rest der Welt stillschweigend davon auszugehen, daß es sich bei all diesen Abgründen um das verbindende, lichtvolle, strahlende, einzigartige, wunderbare Gefühl aufrichtiger Liebe handelt.

Ach so, du liebst ihn. Ja, dann ... Mach nur so weiter! Bedränge ihn, beschimpfe ihn mit Vorwürfen, verfluche ihn innerlich und laß dich im Gegenzug von ihm entwürdigen, besitzen und in die Abhängigkeit locken.

Die Spanier sind in Sachen Liebesbeteuerungen schon ehrlicher als wir. Sie sagen schlicht: „Te quiero!" Ich will dich! und nehmen nicht das große Wort: „Ich liebe dich!" in den Mund.

Wir denken häufig, die „große Liebe" sei die „wahre Liebe". Große Liebe ist für die meisten jedoch nichts anderes als großes *Verlangen,* gepaart mit großer *Bedürftigkeit.*

Hanna: „Ich spüre dich mehr als Hunger, ich sehe dich überall, du bist immer da..."

Bedürftige Liebe basiert immer auf extremen Emotionen: Sehnsucht, Besessenheit, Leidenschaft, Erotik, Angst, Lust, Ärger und Enttäuschung wechseln sich rasant ab – wie auf einer Achterbahnfahrt! Mit wahrer Liebe ist *aufrichtige Liebe* gemeint. Und die hat nichts mit Besessenheit und absolut nichts mit Leiden zu tun.

Wir denken oft, daß man die Intensität der Liebe für einen bestimmten Menschen an der eigenen Leidensfähigkeit ablesen kann. Denn wenn wir diese Person nicht so sehr liebten, dann würden wir auch nicht so sehr unter ihrer Abwesenheit oder unerwiderten Liebe leiden. Denkste! Liebe und Leid sind Gegensätze. Je weiter wir innerlich von der Liebe entfernt sind, desto mehr leiden wir, weil wir uns ohne sie traurig, verloren und einsam fühlen. Je stärker man leidet, desto stärker ist auch die Gefahr, sich von der geliebten Person abhängig zu machen.

Liebe ist beglückend, bedingungslos und frei. Sie ist Ausdruck einer starken, gegenseitigen inneren Verbundenheit, ausgehend von Personen, die innerlich stabil und frei durchs Leben gehen. Die Begegnung zweier Herzen, die im Gleichtakt schwingen und sich gegenseitig freiwillig auf ihrer Reise durchs Leben begleiten, ist heiter und fröhlich. Liebende sind sowohl in der Lage, aus freiem Herzen zu geben als auch ohne Hemmungen anzunehmen.

Doch wie oft wird auf unserem Planeten auf diese Weise geliebt? In Wirklichkeit wird „aus Liebe" belogen und betrogen, es wird sogar im Namen der Liebe getötet.

Kann das Liebe sein? Sicher nicht.

Wahre Liebe ist

- frei gewählt
- unbeschwert
- frei von Angst
- respektvoll
- spirituell
- innig
- Einheit
- tolerant
- gleichberechtigt
- freudvoll
- offen
- erfüllend
- innere Verbundenheit
- würdevoll
- aufrichtig
- kreativ
- wahrhaftig
- Geben und Nehmen
- inspirierend
- energetisch weit

All diese Eigenschaften haben mit bedingungsloser Liebe, auch Agape genannt, zu tun. Bedingungslos heißt nicht, daß wir aus Liebe bereit sind, alles mitzumachen und uns auf eine Weise behandeln zu lassen, die unserer unwürdig ist. Das wäre Selbstverleugnung.

Liebe ist aktive Energie, keine passive Haltung, die nur erduldet und erträgt. Das Lexikon sagt dazu: „Agape ist uneigennützige Liebe, ohne den anderen für seine Zwecke mißbrauchen zu wollen. Agape ist die hingebende Liebe dessen, der ausschließlich das Wohl des anderen sucht, ist von tiefer Zuneigung, Nähe und starkem Vertrauen geprägt. Das Wort ‚Eros' hingegen meint die Liebe dessen, den ein Mangel bedrückt und der nach der Vereinigung mit dem Ersehnten verlangt." (Wikipedia)

Wie erleben die meisten Menschen tatsächlich die romantische Liebe? Auf selbstlose Weise? Es geht doch meistens eher um einen Deal. „Ich liebe dich, weil ich dich brauche", oder „Ich liebe dich, wenn du das tust, was ich mir wünsche – was ich will!" oder „Ich liebe dich nicht mehr, weil du..." sind Sätze, die für sich sprechen. Du gibst mir dieses, dafür bekommst du jenes von mir. Und wenn nicht, wird die Verbindung gelöst!

Der Einfachheit halber zähle ich einmal auf, was bedingungslose Liebe nicht ist: Vor allem ist sie weder zwanghaft noch eng, noch kleben vertragliche Vereinbarungen (womöglich noch mit Kleingedrucktem) an ihr, die regeln sollen, wie sich die Liebenden zu verhalten haben.

Gefühle wie krankhafte Eifersucht haben in ihrer Nähe keinen Raum und sind Merkmale dafür, daß es sich nicht um Liebe, sondern um Sucht handelt (wie das Wort Eifer*sucht* ja schon sagt). Wobei wie bei allen Suchttendenzen alles nur eine Frage der Dosis ist. Wenn es einen konkreten Anlaß gibt, bei dem Eifersucht und Angst, den anderen zu verlieren, ausgelöst werden, sind dies sicherlich Emotionen, die ihre Berechtigung haben und die so schnell wieder vergehen können, wie sie gekommen sind. Eine Prise Eifersucht kann auch rührend und sogar romantisch sein. Wenn sie aber dem Zwang unterliegt, den anderen besitzen und an die Kette legen zu wollen, ist sie eher das Gegenteil von Liebe, nämlich Angst.

Es gibt viele Begriffe für einen süchtigen Umgang mit der Liebe: Beziehungs- oder Bindungssucht, Sexsucht, Romantiksucht, Co-Abhängigkeit. Allesamt verschiedene Varianten süchtiger Liebe. Was genau steckt dahinter?

Süchtige Liebe ist

- zwanghaft
- abhängig
- blind
- bedürftig
- besitzergreifend
- vereinnahmend
- eifersüchtig
- angstbesetzt
- fesselnd
- illusionär
- kontrollierend
- oft sehr schmerzhaft
- immer leidvoll
- ungewiß
- energetisch „eng“
- weit verbreitet
- auf Sand gebaut

Dabei ist süchtige Liebe natürlich auch

- aufregend
- berauschend
- prickelnd
- erotisch
- leidenschaftlich
- abenteuerlich
- faszinierend

Das macht sie ja gerade so attraktiv und unwiderstehlich! Das Problem dabei sind ihre vielen Schattenseiten.

Süchtige Liebe

- braucht
- fordert
- projiziert
- idealisiert
- läßt alles andere unwichtig erscheinen
- geht faule Kompromisse ein
- betäubt die Leere
- dient als Ersatzmittel
- macht klein
- ist oft einseitig
- beschuldigt
- macht unglücklich
- nährt Komplexe
- macht Druck
- macht den Geliebten zur Droge
- wertet den anderen auf und das Selbst ab

Wenn du dich auf dieser Liste wiedererkennst, macht dich das nun gleich zum Liebesjunkie? Bist du liebeskrank? Fehlt dir etwas? Bist du etwa gar nicht zu einer Liebesbeziehung fähig? Oder warum laufen deine Beziehungen immer auf eine Weise ab, die dich unglücklich macht? Triffst du immer die Falschen? Und wenn ja, wieso eigentlich? Sind die Männer an dem Elend schuld?

Tatsache ist: Du bist mit dieser Art zu lieben nicht allein. Es ist ein weit verbreitetes Phänomen unserer Gesellschaft, die romantische Liebe zur heiligen Kuh zu machen. Ich behaupte, eine stille Mehrheit (nicht nur Frauen) ist auf die eine oder andere Weise liebesbedürftig bis liebessüchtig, allerdings ohne sich dessen bewußt zu sein.

> „Die meisten von uns suchen nach einer Beziehung, die uns wie ein Schiff sicher durch die Meere des Getrenntseins und der Einsamkeit zu den wunderbaren Ufern der Liebe und des Glücks bringt. Da Scheidungsstatistiken zufolge ungefähr die Hälfte der Menschen, die die Reise gemeinsam antreten, das Schiff verlassen und die weit verbreiteten Witze über Beziehungen über Mann und Frau darauf schließen lassen, daß viele Menschen unglücklich verheiratet sind, kann es von hohem Nutzen sein, unsere Fähigkeit zu erhöhen, diese Reise erfolgreich durchzuführen. Fangen wir also ganz von vorne an.“
>
> *Ken Keyes*

Wir leben nun einmal in einer Zeit, in der die meisten Beziehungen von kurzer Dauer sind und viele Ehen auseinanderbrechen. Andererseits harren viele aus Angst vor Einsamkeit und Verlust von Sicherheit ewig in ihrer unglücklichen Ehe aus. Welche Ehe ist schon glücklich? Auch das sind Anzeichen dafür, daß die meisten von uns leider nicht bedingungslose Liebe, sondern abhängige Liebe als Basis der Beziehung gewählt haben. Was heißt gewählt? Sie kennen keine wirkliche Alternative! Bedingungslose Liebe mutet da eher wie ein abgehobenes Fremdwort an. Wir lieben nicht abhängig oder bedingungslos, wir lieben einfach, so wie alle anderen – denken wir. Kunststück, denn so einfach ist das mit der wahren Liebe nun mal nicht.

Wir sind weder mit einer Gebrauchsanweisung auf die Welt gekommen, wie man liebt, noch hatten die meisten von uns Eltern, die uns eine solche Liebe vorgelebt oder gezeigt haben. Und wenn doch, haben wir diese Liebe vielleicht frühzeitig verloren und suchen jetzt in jedem potentiellen Partner unbewußt nach ihr. Woher also sollen wir das Talent zur bedingungslosen Liebe haben?

Doch zum Glück sind wir lernfähig, und die vielen Enttäuschungen und gescheiterten Beziehungen sind nicht einfach nur nutzlose Verletzungen gewesen, sondern wichtige Lektionen. Jede Beziehung trägt ein enormes Potential für die Entwicklung der Partner in sich. Ken Keyes, ein beeindruckender Erwecker in Sachen Liebe, sagt dazu: „Bedingungslose Liebe bedeutet zu lernen, die Person und das Problem voneinander zu trennen. Lieben Sie die Person, arbeiten Sie an dem Problem."

Voraussetzung dafür, wirklich zu lieben, ist vielen Denkern zufolge der aufrichtige Wunsch und die Fähigkeit, sich selbst zu lieben:

> „Es stimmt, daß selbstsüchtige Menschen unfähig sind, andere zu lieben; sie sind jedoch genauso unfähig, sich selbst zu lieben."
>
> *Erich Fromm*

Damit ist weder gemeint, daß wir uns narzißtisch in unser eigenes Spiegelbild verlieben, noch daß wir uns nur noch für uns selbst interessieren sollen. Denn diese ichbezogene Form von Liebe ist eng, beschränkt und entsteht aus der Angst, zu kurz zu kommen. Gemeint ist hier die Fähigkeit, sich von Herzen zu lieben und zu schätzen, statt sich verbal oder in Gedanken abzuwerten. Es geht also um die Fähigkeit, sich und andere wertzuschätzen, ohne Bedingungen oder Forderungen zu stellen.

Der gutgemeinte Rat manch besorgter Freundin, die unseren immer neuen Liebeskummer beobachtet, ist jedoch nicht so einfach in die Tat umzusetzen: „Liebe dich selbst! Du mußt dich *nur* lieben!"

Danke für die Blumen! „Nur"! Und wo zum Teufel lernt man das: sich lieben? Keine Schule bietet Kindern oder Jugendlichen bisher das Fach „Menschliche Beziehungen" an, und einen Selbsthilfekurs „Lieben leicht gemacht" haben die meisten von uns sicher auch noch nicht besucht. Mittlerweile hat das erste „Liebeskummer-Studio" in Deutschland aufgemacht – eine echte Marktlücke. Doch Anleitung, wie man sich liebt, bekommt man meistens erst, wenn das Kind in den Brunnen gefallen ist. Dann ist man früher oder später gezwungen, kleine Schritte Richtung Selbstachtung, Respekt und liebevollem Umgang mit sich selbst zu machen. Mit Sicherheit hat diese Fähigkeit nichts mit einer unangenehmen Hausaufgabe zu tun, sondern bedeutet vielmehr einen lebenslangen Prozeß, durch den wir uns selbst immer besser kennenlernen. Ein Lernprozeß, der das Annähern mit dem würdigsten Teil in uns verspricht: unserem Selbstwert.

So fürchterlich Liebeskummer auch ist, bietet er doch auch die große Chance, damit anzufangen, sich selbst immer mehr zu lieben und zu schätzen. Dazu muß natürlich erst einmal die Flut der Tränen getrocknet und der Moment da sein, wo du dich dazu entschließt, dein Leben verändern zu wollen.

„Die Liebe zu anderen und die Liebe zu uns selbst stellen keine Alternative dar. Ganz im Gegenteil wird man bei allen, die fähig sind, andere zu lieben, beobachten können, daß sie auch sich selbst lieben.“

*Erich Fromm*

Bei aller theoretischen Einsicht – eins ist klar: Es gibt ein Motiv, auf süchtige Art und Weise zu lieben. Wenn wir nichts davon hätten, würden wir es nicht tun. Eine Beziehung, die es uns erlaubt, „Feuer und Flamme“ zu sein, hat – trotz oder gerade wegen ständiger Hindernisse, Kämpfe und der verzehrenden Sehnsucht nacheinander – eine erotische Anziehungskraft, für die wir einen hohen Preis zu zahlen bereit sind. Sie macht das Leben aufregend und gibt uns etwas, wofür es sich scheinbar zu kämpfen lohnt.

Im Gegensatz dazu mag bedingungslose Liebe für manchen auf den ersten Blick etwas von „Liebe light“ oder einem alkoholfreien Getränk haben. Wer will das schon? Wir leben in einer Konsumgesellschaft und konsumieren Gefühle. Wir schwimmen mit dem Strom unserer Emotionen und machen nur dann halt, wenn etwas schief läuft und unser Boot zu sinken droht. Daß die vertraute Art, mit der Liebe umzugehen, nicht gerade Beziehungen hervorbringt, die von Erfolg gekrönt sind, wissen wir nicht nur aus eigenen Erfahrungen. Statistiken zeigen, daß jede zweite Ehe geschieden wird, Paare bereits nach zwei bis vier Jahren auseinandergehen, die Qualität der Beziehungen mehr als zu wünschen übrig läßt und es Singles wie Sand am Meer gibt. Höchste Zeit, sich zu fragen, was wir ändern können, um diese Entwicklung aufzuhalten. Nichts? Ist es einfach ein Phänomen unserer multimedialen Zeit, daß die Liebe so wenig Chancen hat? Sind einfach immer „die anderen“ schuld und wir der

Willkür Fortunas oder diverser Pechstränen hilflos ausgeliefert? Mitnichten!

Wir können das Drama unserer Lovestory umschreiben, wenn wir bei uns anfangen und uns auf den Weg machen, die Liebe in *uns* zu finden und zu aktivieren. Das ist nicht unbedingt eine Neuigkeit. Das Thema „Liebe dich selbst" ist in aller Munde. Doch Hand auf's Herz: Wer von uns praktiziert diese Eigenliebe schon konsequent und macht konkrete Erfahrungen damit? Wer weiß schon, *wie* er die Theorie der Liebe zu sich selbst in die Praxis umsetzen kann? Und wer macht sich überhaupt die Mühe, sich dieser Liebe bewußt zu widmen? Die wenigsten, behaupte ich, auch wenn es sicher immer mehr Menschen werden, die einsehen, daß sie mit ihren alten Strategien nicht weiterkommen, und so sehr darunter leiden, daß sie offener für das Thema Selbstliebe werden.

Da wir so sehr an unseren Gewohnheiten kleben und davon überzeugt sind, den Weg zur Wolke sieben bestens zu kennen, muß es schon sehr weh tun, bis wir bereit sind, unsere Verhaltensweisen zu überdenken und etwas Neues kennenlernen zu wollen: die Liebe, die keine Machtspiele braucht, uns ganz ohne Kämpfe begegnet und uns jederzeit zur Verfügung steht. Unabhängig davon, ob wir ein passendes Objekt der Begierde vor uns haben oder nicht.

# 2 Alles für ein bißchen Liebe

Liebesabhängige machen fast alles für ein bißchen Liebe. Sie besteigen den Mount Everest, nur um ein wenig geliebt zu werden. Sie haben ein riesengroßes Bedürfnis nach zwischenmenschlicher Nähe. Nach Liebe hungernd, kleben sie am Fliegenfänger und hoffen darauf, daß sich ihr Herzenspartner so verhält, wie sie es sich wünschen, und sie von ihm bekommen, was sie sich ersehnen: Sicherheit, Geborgenheit, Bestätigung, Zusammenhalt und eine enge Bindung. Legitime Bedürfnisse – leider an die falsche Adresse gerichtet, denn eine Vielzahl von meist Männern fühlt sich von diesen Erwartungen überrannt. Und obwohl dies so ist und Adam seiner Eva all das nicht gibt oder geben kann, bleibt sie ihm treu und nimmt es hin, am ausgestreckten Arm zu verhungern, auch wenn sie dabei sehr unangenehme Begleiterscheinungen (im Extremfall Gewalt oder andere Gefahren) in Kauf nehmen muß. Was Vertröstungen angeht, so haben Frauen, die nach Liebe süchtig sind, einen langen Atem und entwickeln regelrechte Marathonqualitäten, sobald sie von Amors Pfeil getroffen wurden. Je mehr sie „aus Liebe leiden", desto realer erscheint ihnen ihr Traummann makabererweise zu sein.

Warum in aller Welt lassen sie das mit sich machen? Weil sie es schlicht nicht anders kennen! Und weil sie sich selbst nicht unbedingt die beste Freundin sind. Je größer die Herausforderung, um so mehr scheint die Liebe es wert zu sein, einen steinigen Weg zu gehen. Ein weiterer Grund ist Angst. Liebessüchtige haben große Angst davor, allein zu sein oder verlassen zu werden. Sie fühlen sich von der Beziehung in hohem Maße abhängig und erleben sich nur mit einem

Partner an ihrer Seite als vollständig. Der wichtigste Grund aber ist wohl: Sie sind von der Liebe in sich und der Liebe ohne Leiden so weit entfernt wie die Erde von der Sonne.

Menschen, die sich zu sehr auf einen Partner fixieren, gibt es in allen Formen und Farben. Vor allem Frauen neigen dazu, sich auf Liebe und Beziehung als Lebenselixier zu fixieren. (Deshalb geht es in diesem Buch auch hauptsächlich um Frauen – obwohl es natürlich auch männliche Vertreter dieser Spezies gibt.) Oft sind sie die heimliche Geliebte eines verheirateten Mannes, die sich für wenige glückliche, gestohlene Stunden in einem Hotel abspeisen läßt. Genauso häufig haben sie es mit Alkoholikern zu tun, die eine intensive Beziehung zur Flasche, aber nicht mit ihnen haben. Auf jeden Fall verlieben sie sich ständig in Typen, die weniger Interesse an ihnen zeigen als umgekehrt. Manchmal sind es Kandidaten, die sehr weit weg wohnen und mit denen sie eine sehnsuchtsvolle Fernbeziehung leben; im schlimmsten Fall treffen sie auf eine Kombination aus all dem, jedenfalls suchen sie sich immer wieder Männer aus, die ihnen garantiert nicht geben können, was sie sich wünschen! Diese erleben das Nähe- und Bindungsverlangen oft als einengend und wehren sich dagegen wie gegen eine ansteckende Krankheit – was das anklammernde, abhängige Verhalten der Ladies meist noch verstärkt.

Generell küren Liebessüchtige einen Kandidaten aus der folgenden Kategorie zu ihrem Traumprinzen:

- Männer, die sich rar machen und sich „cool" geben
- Männer, die extreme Phantasien auslösen
- Männer, die von sich selbst sagen, beziehungsunfähig zu sein
- Männer, die den Eindruck vermitteln, alles sei wichtiger als sie, die Liebessüchtige

- Männer, von denen sie annehmen, daß sie sie glücklich machen könnten
- Männer, die schlechte Erfahrungen mit der Liebe gemacht haben und offen sagen, daß sie sich auf nichts Festes einlassen wollen oder können
- Männer, die bereits verheiratet oder gebunden sind
- Männer, mit denen sie wenige, aber dafür sehr leidenschaftliche Stunden erleben
- Männer, die höchstens im Bett Komplimente machen und sich ansonsten mit Aussagen zu Herzensangelegenheiten bedeckt halten – es sei denn, sie stehen unter Drogen. Höchstens dann kommt schon mal ein „Ich liebe dich“ über ihre Lippen.
- Männer, die es schaffen, sie „hörig“ zu machen.

Frauen, die sich solche Mannsbilder aussuchen, verkaufen sich unter ihrem Wert, stellen ihr Licht unter den Scheffel, machen sich klein, oft genug wohlwissend, daß sie es tun. Das Dumme ist nur: Sie können es nicht lassen!

Woher um alles in der Welt kommt diese Faszination? Ist die Intensität einer heimlichen Beziehung das, was Mr. Bombastic so attraktiv macht? Gibt das Verbotene den Kick? Ist die „coole Unnahbarkeit“ des eigentlich schwachen Mannes seine einzige Methode, als stark angesehen zu werden? Braucht sie die Verunsicherung, um sich an ihm in einer Art Wettkampf messen zu können? Braucht sie als Bestätigung ihres Wertes und ihrer Schönheit einen TÜV-Stempel von Mr. Supercool? Bedeuten Liebe und Leidenschaft für sie immer leiden und daß man sich unterwerfen oder erniedrigen muß? Braucht sie das Drama, um Liebe als intensiv und tief zu empfinden? Ist Hörigkeit das, was die Droge ausmacht?

Warum sollte man sich so etwas antun? Was hat man davon, sich so zu verhalten? Jedenfalls anfangs jede Menge Prickeln. Liebesabhängige werden zu Jägerinnen (die Mehrzahl ist weiblich, aber es gibt natürlich auch Jäger), und sie sind auf der Pirsch nach dem Abenteuer, nach dem großen Kick, nach dem Supermann, dem Richtigen, dem Mann der Männer, dem, mit dem endlich alles gut werden soll. Ihr Triumph besteht darin, den interessanten unnahbaren Mann zu erobern, wenn auch nur zeitweise, geliehen, manchmal auch gestohlen. Dieser gottähnliche Typ soll sie aufwerten – doch das wird der Bursche nicht, ganz im Gegenteil.

Es ist schon paradox: Männer, die diesen Frauen geben könnten, wonach sie sich sehen, interessieren sie nicht im entferntesten.

Nehmen wir mal ein Beispiel – den Laktritzemann: Eine Frau verliebt sich in einen Mann, der ihr für das Wochenende „Lakritze" verspricht. Die ganze Woche über verzehrt sie sich nach ihrem „Lakritzemann", so sehr, daß ihr das Wasser im Mund zusammenläuft und sie an nichts und niemand anderes mehr denken kann. In völliger Hingabe zählt sie die Tage, bis es endlich soweit ist, sagt Freunden, die sie sehen wollen, ab, um verfügbar zu sein. Aus dem Wochenende wird nur ein halber Samstag, der wie im Flug vergeht, denn der Lakritzemann hat plötzlich wichtige andere Termine. Kaum ist er durch die Tür, steht sie wieder am Start, hängt am Fliegenfänger und zählt die Stunden bis zum nächsten Wochenende.

Bis plötzlich ein Mann vorbeikommt, der das Drama beenden könnte: Er nimmt ihre Hand und legt liebevoll Lakritze in sie hinein. Er schließt ihre Hand mit den Worten: „Hier, die kannst du jetzt jeden Tag haben, wenn du willst." Völlig verstört schreckt die Frau zurück: „Was bist du denn für einer??? Was willst du denn von mir? Verzieh dich!"

Na? Kommt uns das irgendwie bekannt vor? Meistens haben beziehungssüchtige Frauen keinen Schimmer davon, daß sie ihre Großartigkeit selbst klein machen. Sie können sich nicht wirklich wertschätzen. Dabei sind sie keineswegs häßliche Entlein, die keinen abkriegen würden und denen gar nichts anderes übrigbleibt, als anderen hinterherzulaufen. Im Gegenteil: Sie sind oft starke, attraktive und höchst intelligente Frauen, die jedoch ihre eigene Schönheit – sei es die innere oder die äußere – weder wahrnehmen noch schätzen können. Sie haben oft eine verzerrte Wahrnehmung von sich, halten sich für zu dick, zu häßlich, zu groß, zu alt, zu jung ... Selbstwertgefühl? Fehlanzeige!

Vanessa, heimliche Geliebte eines verheirateten Mannes: „Wann auch immer ich ihn anrief, sprach er mit dieser Stimme, die andeutete, daß jemand anderes im Raum war. Er nannte mich dann 'Armin', 'Rainer' oder 'Klaus', und sein Standardsatz war: 'Du, ist gerade schlecht. Ich ruf dich später zurück, ja?' Und weg war er.

Ich kann gar nicht sagen, wie erniedrigt ich mich dann fühlte. Wie ein Fußabtreter, ein Hund ... Verbal wurde ich von ihm tausendmal in den Kleiderschrank gesperrt. Und ich ließ es mit mir machen. Warum? Weil ich ihn trotz allem liebte und begehrte wie verrückt und hoffte, irgendwann würde er sein Verhalten ändern.“

Frauen wie Vanessa kennen nichts anderes als das, was sie für Liebe halten, und das ist: die Anbetung eines unerreichbaren Mannes, gefolgt von der Abwertung des eigenen Selbst! Das muß Liebe sein! Sie haben weder gelernt noch eine Ahnung davon, daß es sich bei dieser Art zu lieben gar nicht um Liebe handelt, sondern um intensive Abhängigkeit. Blind vor Gefühl lassen sie es „im Namen der Liebe“ zu, daß andere mit ihnen umspringen können, wie es ihnen gerade paßt, solange die Angebeteten ihnen immer wieder den Stoff liefern, nach dem sie sich so sehr verzehren: ein liebes Wort, ein Lichtblick, ein Kompliment, eine kleine Anerkennung, eine durchliebte Nacht. So wird das Feuer der Leidenschaft, die Leiden schafft, weiter geschürt und die große Sehnsucht in klitzekleinen Dosen erfüllt – aber niemals wirklich.

Ihr Angebeteter gibt ihnen *eine Prise* Geborgenheit, *etwas* von dem Gefühl, geliebt zu werden, jede Menge heißen Sex und stapelweise Illusionen. Nur eines bekommen sie nicht: eine klare Zusage und Perspektive. Sie bekommen weder eine feste Bindung, noch können sie eine gemeinsame Familie gründen, denn schon bei dem Wort „zusammenziehen" sträuben sich ihren Supermännern die Nackenhaare.

„Warum verliebe ich mich nur immer in die Falschen?" fragt frau sich. „Die Guten sind entweder besetzt oder besch...", sagt sie sich resignierend. Die Kerle sind die Bösen – klarer Fall! In Wirklichkeit ist die Ursache in der Liebessüchtigen selbst zu finden, wie wir später noch sehen werden ...

# 3 Anzeichen für liebessüchtiges Verhalten

Bitte denk einmal über die folgenden Fragen ehrlich nach:

- Bist du der Meinung, daß du eine Beziehung brauchst, um glücklich zu sein?
- Findest du, daß du in einer übergroßen Fixierung auf deinen Romeo gefangen bist?
- Gibst du deinem Traumtypen mehr Bedeutung als dir selbst und bist quasi besessen von ihm?
- Nährst du unrealistische Vorstellungen von der zu erwidernden Aufmerksamkeit deines jeweiligen Geliebten und vergehst in quälender Sehnsucht nach ihm?
- Liebst du ihn „abgöttisch" und stellst ihn auf ein Podest der Bewunderung?
- Gibt er dir viiieeel weniger, als du dir von ihm erhoffst?
- Fragst du dich (und ihn) wieder und wieder, warum er dich nicht so sehr will wie du ihn??
- Erlebst du mit ihm, was du dir erträumst? Oder bleibt es meistens beim Traum?
- Mußt du viele Konzessionen an deine eigentlichen Vorstellungen machen, um mit ihm zusammenzusein?
- Ist das, was am besten zwischen euch funktioniert, Sex?
- Geht in dir durch seine Unnahbarkeit nach kurzer Zeit eine gefühlsmäßige Abwärtsspirale los, die dich regelmäßig nach unten zieht?

- Verlierst du deine Mitte und deine Stärke durch die Verbindung zu ihm?
- Hast du ständig das Bedürfnis, ihn beeindrucken zu wollen?
- Gibst du vor, unabhängiger von ihm zu sein, als du in Wahrheit bist?
- Falls ja, stehst du nicht zu deiner großen Faszination aus Angst, von ihm abgelehnt zu werden? Versuchst du deine Abhängigkeit vor ihm zu verbergen? Gelingt dir das nur kurzfristig, da sich alles nur noch um ihn dreht?
- Ein „Lakritze-Mann" interessiert dich nicht im Geringsten? Männer, die dir in irgendeiner Form nahe sein wollen, machen dir Angst und lösen Abneigung aus?
- Meldet er sich unregelmäßiger bei dir als du dich bei ihm? Scheint er dir mehr zu bedeuten als du ihm?
- Männer, die klammern, verachtest du?
- Du kommst von einem Mann nur dann los, wenn du dich auf einen anderen fixieren kannst?
- Du versuchst, ihn mit all deiner Weiblichkeit zu verführen, und er krümmt nicht mal den kleinen Finger, um dich rumzukriegen?
- Obwohl du selten von ihm hörst, was du dir wünschst, schaffst du es, dir alles „schönzuhören"?
- Zerbrichst du dir den Kopf über *seine* Probleme – und vergißt deine eigenen dabei?
- Machst du alles mit und paßt dich ihm an, obwohl dein Stolz es dir „eigentlich" verbietet?

Falls ja: Willkommen im Club der „Liebesanbeterinnen"! Liebessucht macht sich bemerkbar durch eine nicht endenwollende Fixierung, die ganz harmlos anfängt: Als frisch Verliebte fühlt man sich einfach nur gut. Doch bald wird sie immer bedürftiger, entfernt sich immer mehr von sich und ihrer Mitte und macht den Mann ihres Herzens zum Nonplusultra, zur Übermacht, Kraftquelle und Droge. Ihre Liebessucht breitet sich hemmungslos in ihr aus und gewinnt mehr Kontrolle über sie als ihre Willensstärke. Sie denkt permanent an *ihn*. Er wird zur fixen Idee, und sie hat nur das eine Ziel: mit ihm zusammenzusein, ihn zu berühren, zu hören und mit ihm sprechen zu können. Sie hofft auf viel mehr Nähe und Kontakt, als der auserwählte Hoffnungsträger ihr anbietet. Er ist ihr erster Gedanke, wenn sie morgens aufwacht, und ihr letzter, bevor sie einschläft.

Die sexuelle Anziehungskraft ist da und von ihrer Seite das Gefühl der Verbundenheit. Ob es ihm ähnlich ergeht, kann sie nicht einschätzen. Sein Verhalten läßt jedenfalls zu wünschen übrig, denn von ihm kommt ja nicht viel, was sehr an ihr und ihren Bedürfnissen nagt. Trotz des dicken, fetten ABER, sei es, weil er sich distanziert verhält, er beziehungsgestört oder bereits vergeben ist, wird der heißbegehrte Mann zum Dreh- und Angelpunkt ihres Lebens. Eine unbeschwerte Beziehung ohne Wenn und Aber kennt sie nicht, und sie erscheint ihr auch irgendwie unbedeutend und langweilig zu sein.

Sie gesteht sich einfach zu wenig zu. Ihr Märchenprinz erscheint durch das Hindernisrennen, das er auslöst, viel interessanter und aufregender zu sein, als er wahrscheinlich ist. Vielleicht ist er sogar stinklangweilig, und sie idealisiert ihn nur. Nach und nach orientiert sie sich in ihrem Handeln immer mehr am umschwärmten anderen, paßt sich seinem Lebensrhythmus an und macht ihr gesamtes Selbstwertgefühl von seinen Reaktionen abhängig. Sie betreibt einen riesigen Aufwand, nur um einen Hauch von dem zu erhaschen, was sie vermeintlich glücklich macht. Warum? Weil sie sich selbst nicht aufwerten oder glücklich machen kann und glaubt, einen männlichen

Part dafür zu benötigen. In ständiger Sehnsucht nach Anerkennung opfert sie alles für ihn, was bis zur völligen Selbstverleugnung gehen kann.

„Moment mal“, wendest du jetzt vielleicht ein, „ist es denn so verwerflich, sich von ganzem Herzen nach jemandem zu sehnen? Warum kommt man damit schon in die Schublade der Abhängigkeit? Wo bitte schön bleibt da die Romantik, der Sinn für wahre Leidenschaft? Die Tiefe der Sehnsucht spiegelt doch die Tiefe der Gefühle wider! Und die Leiden zeigen auf, wie ernst es uns ist! Es ist doch gleichzeitig auch das Schönste von der Welt, sich zum Verrücktwerden nach jemandem zu verzehren. Es ist eine Emotion, die knisternde Erotik auslöst, das Leben spannend macht!“

Keine Frage. Und wenn es dabei bleiben würde, wäre es wohl auch nichts anderes als eine Bereicherung deines Lebens. Doch leider führt die scheinbar harmlose Sehnsucht oft zu verzweifelter Besessenheit, die die Macht hat, Menschen in Depressionen und Gefühle tiefer Verlorenheit, Sinnlosigkeit und sogar vom Balkon zu stürzen. Von Romantik kann da nicht mehr die Rede sein.

Zudem nährt oft eine Sucht die andere. Liebessüchtige geraten häufig in Beziehungen mit Süchtigen, die sie retten wollen. Um ihn von seiner Spiel-, Arbeits- oder Drogensucht zu befreien, lassen sie nichts unversucht. Dabei sehen sie sich meist als Märtyrer. Nicht selten ketten sie ihr eigenes Schicksal an das eines anderen, möglichst eines Verlierers, mit dem sie sich identifizieren und an dessen Seite sie dann mit wehenden Fahnen untergehen können.

Sie selbst wiederum neigen nicht selten zu Eßstörungen. Mit heruntergeschlungener Nahrung kompensieren sie fehlende Zuneigung und Wärme. Zucker dient als Ersatzbefriedigung, vermittelt einen kurzen Moment von Zufriedenheit, gefolgt von vernichtender Selbstkritik darüber, wieder schwach geworden zu sein. Läuft es in der Beziehung gut, nehmen auch die Symptome der Eßstörung ab. Geht es mit der Beziehung bergab, geht es mit den Kilos rauf oder je nachdem drastisch runter.

Da er sich trotz all ihrer Liebesmüh' nicht wunschgemäß verhält, versucht sie ihn immer mehr zu manipulieren, um das Bild zu erleben, das sie sich von ihm geschaffen hat. Und sie möchte auf eine bestimmte Weise und nicht anders geliebt werden. Ohne daß sie es bemerkt, beginnt sie immer mehr, auf süchtige Art und Weise zu fordern. Sie redet sich ein, ihn haben zu müssen, um glücklich zu sein. Sie beginnt, alles dafür zu tun, um dies zu erreichen, und hat panische Angst davor, ihn wieder zu verlieren. Das kann dazu führen, daß sie Mittel wie Spionage, Kontrolle und andere Strategien (z. B. offene und unterschwellige Schuldzuweisungen) einsetzt. Alles nur, um zu verhindern, daß sie von ihm verlassen wird. Und bereits da hört die Liebe auf! Wenn bei diesem Übermaß an Fixierung überhaupt jemals Liebe im Spiel war, denn: Kontrolle und Zwang haben mit Liebe nichts zu tun! Das, was die Liebessüchtige als Liebe empfindet, ist nichts anderes als hartnäckige romantische Bedürftigkeit.

Helena: „Ich brauche unbedingt Romantik in meinem Leben! Wo krieg ich sie allein nur her?"

Ganz klar: Der Mann soll es richten! Und er sollte möglichst so und so und so sein, der Forderungskatalog wird einem richtig und gerechtfertigt vorkommen.

Melody Beattie, Fachfrau in Sachen Liebesabhängigkeit, hat dazu folgendes zu sagen: „Liebesabhängige ärgern sich selbst krank über andere Menschen. Sie sagen ja, wenn sie nein meinen. Sie versuchen anderen ihre Sicht aufzudrängen, sie verbiegen sich, um andere nicht zu verletzen, und tun sich selbst dabei weh. Sie haben Angst, ihren

Gefühlen zu vertrauen, glauben Lügen und fühlen sich danach betrogen. Sie wollen selber ausgeglichen sein und verärgern andere."

Es gibt viele Varianten, in denen sich süchtige Liebe zeigt. Schon die Gedanken 13Jähriger kreisen 24 Stunden am Tag um den coolen süßen Typen auf dem Hochglanzposter. Sie hören ständig, auf Schritt und Tritt, seine Songs, kopieren seinen Style, geben sich ihrer Traumwelt hin und fiebern dem Tag entgegen, an dem der Knabe endlich in ihre Stadt kommt. Davon konnte schon Udo Lindenberg ein Lied singen. („Ich saß immer in der ersten Reihe – Und ich fand dich so erregend – Du warst eine Göttin für mich – und manchmal sahst du mich an – und ich dachte: Mann, oh Mann ... Und dann war ich wieder völlig fertig ..." *Cello*, 1973)

Über solch eine harmlose Teenie-Liebe ist die erwachsene Frau ja zum Glück erhaben. Nichts als süße, pubertäre Schwärmerei. Oder doch nicht? In dieser Zeit wird die Liebessucht bereits erlernt und die prägende Fixierung auf eine idealisierte Person mit wirklicher Liebe verwechselt.

Ist es denn nicht so, daß Erwachsene ähnlich mit der Liebe umgehen? Der begehrte Partner als Superstar! Der, durch den alles gut werden soll! Der, mit dem man mehr Zeit in seiner Phantasie als im realen Leben verbringt. Da er ja so ein toller Typ ist, ist er natürlich auch immer sehr beschäftigt und glänzt durch Abwesenheit. Nehmen wir zum Beispiel mal eine Telefon-Ehe: Viele Frauen scheinen die innigste Beziehung nicht mit ihrem Partner, Freund oder Ehemann, sondern mit ihrem Handy oder PC zu haben. Denn die Stunden, die sie damit verbringen, angespannt nach einer Nachricht dürstend auf ihr Herzblatt zu warten, sind letztlich das Vielfache der kümmerlichen Zeit, die ihr Supermann tatsächlich für sie aufzubringen bereit ist. Und wenn er sich dann endlich einmal meldet, bleibt es meist bei den einseitigen Sehnsuchtsbeschwörungen am Telefon: ihrerseits! Liebesbedürftige wollen nichts mehr als eine konkrete Ansage, ob, wie, wo und wie lange ein Treffen möglich ist. Oft werden sie vertröstet, belogen, oder sogar einfach weggedrückt. Vor allem die Geliebte eines verheirateten Mannes kann ein Lied davon singen. Und nicht wenige verheiratete Frauen.

Susanne: „Kein Tag vergeht, ohne an ihn zu denken! Was meinst du, wie es mir dabei geht? Anfangs war das ja noch ganz schön, aber jetzt? Schließlich sehe ich ja ganz genau, was ich da mit mir mache oder machen lasse. Ich verachte mich sogar dafür. Von wegen Selbstachtung und Selbstwertgefühl! Dabei bin ich doch eigentlich von meinem Wesen her sehr stolz. Trotzdem lasse ich es zu, daß mich jemand so geringschätzig behandelt!"

Tja, warum tut Susanne das wohl? Obwohl sie doch genau sieht, daß sie ihren Stolz verletzt und sich herabsetzt? Weil sie sich auf diese Art und Weise mit einer intensiven Emotion beschäftigt, die ihr das Gefühl gibt, lebendig zu sein. Da ist jemand und etwas, wofür es sich zu kämpfen lohnt – auch wenn es oft von Anfang an ein verlorener Kampf ist. Hohe Hochs gefolgt von tiefen Tiefs – Anbetung bis zum Zusammenbruch. Es muß intensiv sein – dann ist es Liebe!

Sandra: „Willst du einem Kerl treu bleiben, von dessen Nachnamen du letztlich nur träumen wirst, weil er sein Leben bereits anders eingerichtet hat, da nicht raus kann und will und dir somit nie mehr als ein paar Stunden geben kann? Selbst wenn er sich von seiner Frau trennen würde, hätte er keine Zeit – für dich! Das ist so, und du weißt das."

Einerseits wissen Liebesfixierte sehr genau, daß sie auf etwas konzentriert sind, was sich nicht wunschgemäß erfüllen wird. Doch andererseits bleibt da dieser Zipfel Hoffnung, den sie beim Schopfe packen und unermüdlich bearbeiten. Die Hoffnung, von ihrem Liebesobjekt endlich anerkannt, erkannt, als eine liebenswerte Person aufgewertet, geschätzt und entsprechend behandelt zu werden.

Besonders hart ist es, wenn Menschen, die auf mehr Zuneigung spekulieren, als sie vom anderen bekommen, schließlich sogar das Gegenteil erreichen und verlassen werden. Dann schwinden die winzigsten Hoffnungsschimmer endgültig und für immer. Wenn einer halben Person die fehlende Hälfte ganz abhanden kommt, kann das schwerwiegende Depressionen auslösen. So wie bei Anna:

„Als er mich verlassen hat, fiel ich in ein furchtbar tiefes Loch! Es war einfach nichts mehr da. Nur ich, in meiner einsamen, dunklen Wohnung. Verlassen, verzweifelt, verwirrt. Ich hatte schreckliche Panikattacken, mir blieb zeitweise die Luft weg, ich fühlte mich leer und verloren. Es war wie ein Sturz ins Nichts, auf den ich nicht vorbereitet war. Ich hatte mir zwar eine Veränderung in meinem Leben gewünscht, doch nicht damit gerechnet, daß ich zunächst einmal in eine regelrechte Hölle abstürzen würde und mein bisheriges Leben wie ausradiert wurde. Es war, als hätte jemand den Reset-Knopf gedrückt. Zurück auf null, auf Feld eins.

Und selbst da lief ich ihm noch hinterher! Das Dümmste, was man machen kann, doch ich war so verzweifelt über seine Entscheidung, daß ich hoffte, er würde sie noch einmal überdenken. Ich flehte ihn regelrecht an, uns noch eine Chance zu geben. Vergebens. Ich fühlte mich schrecklich verlassen und von allem abgeschnitten. Ich steckte regelrecht in meiner Panik und der Sackgasse des Liebeskummers fest und wußte keinen Ausweg. Meine Einsamkeit und Verzweiflung wuchsen wie eine gewaltige Lawine. Ich verlor jede Lebenslust. Nichts bedeutete mir mehr etwas, nichts machte mir mehr Spaß. Mein Leiden und meine quälende Sehnsucht nach Hannes schienen kein Ende zu nehmen. Was ich auch tat, dieser Leidensdruck nahm mir die Luft zum Atmen. So intensiv hatte ich noch nie gelitten, und ich wußte nicht mehr weiter. Mir kamen sogar Selbstmordgedanken."

Hier zeigt sich, welch zerstörerische Kraft abhängige Liebe haben kann, und es wird klar, daß es ihr an jeglicher Grundlage für ein glückliches eigenständiges Leben fehlt. So sehr, daß sogar erwogen werden mag, es zu beenden. Diese Existenz scheint ohne *ihn* keinen Sinn zu haben. *Er* hat das Leben lebenswert und lebendig erscheinen lassen. Durch *ihn* sah man die Welt in Regenbogenfarben. Wenn er geht, sind auch alle Farben wie vom Boden verschluckt, und alles ist trostlos und leer – so scheint es.

Mit anderen Worten, es ist nicht nur der quälende Liebeskummer, der Anna die Lust zum Leben nimmt, sondern ihre eigene Leere, die auch vor dem Erscheinen und Weggehen des anderen da war. Im Moment des Verlassenwerdens zeigt sich diese Leere deutlich.

Anna weiß nicht, womit sie sie „füllen" soll. Warum ist sie auf der Welt? Was ist ihr Lebenssinn? Was macht sie glücklich? Könnte sie diese Fragen nicht nur beantworten, sondern auch diesen Antworten gemäß leben, würde die Gefahr der Abhängigkeit gar nicht bestehen. Denn ist man vom eigenen Leben begeistert, hat man überhaupt keinen Grund mehr, sich in süchtiger Art und Weise von einem anderen Menschen abhängig zu machen. Man kommt gar nicht in die Versuchung!

Von daher hat jeder Mann in Annas Leben eine Ersatzfunktion. Jeder wird zum Lückenbüßer – selbst wenn sie sich einredet, daß sie einen besonderen Menschen in ihm sieht und liebt. Letztlich stehen ihre Bedürftigkeit und ihr großes Bedürfnis nach Erfüllung, Einheit und Sinn als Motivation dahinter.

Das Gefühl, einsam und verlassen zurückzubleiben, kann das Empfinden totaler Ohnmacht und Hilflosigkeit auslösen. Der Moment des Verlassenwerdens hat für Menschen, die sich zu sehr auf einen anderen fixieren, die Sprengkraft eines emotionalen Supergaus. Ihr Leben wird so sehr erschüttert, daß sie manchmal nicht mehr auf die Füße kommen. Doch wenn Liebe anfängt, weh zu tun, weil einer mehr liebt als der andere, sollte man in Erwägung ziehen zu gehen. Sonst wird man gegangen beziehungsweise verlassen.

Liebe hat etwas mit Verbundenheit zu tun – gegenseitiger Verbundenheit. Wenn nur einer der beiden Partner liebt, während der andere sich verweigert, ist großer Kummer vorprogrammiert. Damit meine ich keinesfalls, daß Liebesbeziehungen immer nur schön, freudvoll und ohne Probleme sind. Selbst in Seifenopern ist das nicht so. Ich will damit auch nicht sagen, daß du Hindernisse oder Herausforderungen vermeiden solltest – im Gegenteil, wenn du dich ihnen stellst, darin etwas über dich erkennst und daraus lernst, haben sie durchaus ihren Sinn. Es ist nur einfach so, daß es Beziehungen gibt, die von vornherein nichts anderes als Leid bringen. Sie haben eine starke Intensität (jedoch auf der dunklen Seite des Lebens), sind von Eifersucht, Dramen, sklavischer Abhängigkeit, Hinhalten, Abwertung, Unsicherheit, Druck und Ängsten geprägt. Wenn du solch eine Beziehung unbedingt erleben möchtest, bitteschön! Aus eigener Erfahrung weiß ich, daß diese intensiven Gefühle nichts mit Liebe zu tun haben, sondern mit Sehnsucht, Leiden, Masochismus, Leere und Traurigkeit. Sie können dich an den Rand der Verzweiflung bringen, an einen Punkt, an dem du an nichts mehr glauben und keine Freude mehr empfinden kannst.

Viele Menschen sind überzeugt, daß sie für die Liebe den Preis des Leidens zu zahlen haben und daß sie im Namen der Liebe alles mit sich machen lassen dürfen. Je tiefer die Liebe, desto intensiver das Leid. Selbst, wenn dies bedeuten sollte, zutiefst zu leiden und keinen Zentimeter in seinem Leben voranzukommen, sondern sich immer mehr in Leid und Depressionen zu verstricken. Ich behaupte: Je tiefer die Liebe, um so weniger Leid entsteht! Mal abgesehen von der Tatsache, daß es uns allen gleichermaßen weh tut, Menschen, die wir sehr geliebt haben, eines Tages zu verlieren. Je mehr wir mit der Himmelsmacht Liebe eins sind, desto glücklicher ist unser Leben und desto mehr Liebe sind wir in der Lage, in unser tägliches Leben zu zaubern.

# 4 Der Kick als Lebenselixier

Verliebtheit ist mehr als ein intensives Gefühl der Zuneigung, das dich taumelnd vor Glück auf Wolken gehen und den Mond ansingen läßt. Es ist eine explosive Mischung aus Emotionen und biochemischen Abläufen im Körper. Diese vermögen temporär ein überschwengliches Hochgefühl in dir auszulösen, das Lebensfreude auf- und Hemmungen abbaut. Bist du verliebt, bewirkt dies die höchste Aktivität deiner Gehirnströme, und biochemisch gesehen geht in deinem Körper die Post ab: Dein Gehirn schüttet Endorphine aus und beschenkt dich mit einem Rauschgefühl, das mindestens drei Monate anhält. Du fühlst den Kick, das kribbelnde Wohlbefinden, das dich erfüllt und das kostbare Geschenk Leben plötzlich von ganzem Herzen genießen läßt. Dafür ist nicht viel notwendig: Du triffst eine bestimmte Person, es macht klick in deinem Hirn, und der Verstand setzt aus. Adrenalin und euphorische Glückszustände, die dir dieser Liebescocktail aus verschiedenen Botenstoffen verschafft, rasen in deinen Adern um die Wette. Und natürlich willst du immer mehr davon.

Der gleiche Zustand der Euphorie stellt sich auch nach überstandenen Extremsituationen ein wie etwa Bungee-Jumping. Du könntest dich also auch an einem Gummiseil kopfüber von einer Brücke stürzen, um einen ähnlichen Effekt bestimmter chemischer Abläufe in deinem Körper zu erzielen. Grund genug, sich zu fragen: Steckt die Sucht nach Liebe im Herzen? Oder in den Hormonen?

Sowohl als auch. In unserem Herzen deswegen, weil es, von alten Wunden und schlechten Erfahrungen geprägt, so schwer ist, daß es von der Zuneigung eines anderen erleichtert, wenn nicht sogar erlöst werden möchte. Unsere Hormone weisen uns den Weg zu einem entsprechenden Liebesobjekt. Die Person, die es schafft, sie in Wallung zu bringen, ist die richtige – so scheint es. Der geeignete Auslöser für das Zubereiten des Lebenselixiers? Ja. Der richtige Mensch zum Heiraten? Das wohl weniger, denn er bringt nicht zwangsläufig die Qualitäten mit, die mit gegenseitiger Fürsorge, Trost, Geborgenheit, Verständnis, Sicherheit und Nähe zu tun haben.

## Auslöser Sex

Oberflächlich mag es dir vielleicht manchmal so erscheinen, als ob dein Auserwählter dich benutzt und sich einfach nur mit dir vergnügen will. Allerdings benutzt du ihn nicht weniger, ja du brauchst ihn als dein Lebenselixier. Mit ihm im Herzen fühlst du dich inspiriert, und dein Leben erscheint dir wieder aufregend. Du suchst genau wie er das Abenteuer, und du möchtest ein Leben wie im Film führen – voller Feuer, Erotik, Leidenschaft und wundervoller Momente. Und *er* soll es richten. Dafür ist er ja schließlich da.

> „Die Anziehung zwischen zwei Menschen, die fähig sind, eine gesunde, auf echter Kommunikation beruhende Beziehung einzugehen, mag stark und erregend sein, aber sie ist nie so unwiderstehlich wie die Anziehung zwischen einer Frau, die zu sehr liebt, und dem Mann, mit dem sie tanzen kann."
>
> *Robin Norwood*

Mit „tanzen" ist hier das Hin und Her der Gefühle, der Wechsel von lichten und dunklen Momenten gemeint. Dieses „Haschmich-Spiel" ist so aufregend, daß es vielfach zu sexueller Hörigkeit führen kann.

Yvonne: „Ich war dermaßen besessen von Michael, daß ich ihm zu jeder Zeit zur Verfügung stand. Manchmal rief er mitten in der Nacht an und verlangte: ‚Schatz, komm jetzt sofort zu mir!' Wie hypnotisiert sprang ich aus dem Bett, zog meine Strapse an und rannte in die Nacht hinein! Er brauchte nur aufs Knöpfchen zu drücken, und ich war für ihn da! Ich hatte dabei nicht das Gefühl, meinen Stolz wahren zu müssen – denn dafür war ich viel zu erregt!"

Eigentlich müßte es ja heißen: "Sex makes the world go round", denn darum dreht sich ja anscheinend alles. Nur, muß es denn immer Sado-Maso sein, damit frau auf ihre Kosten kommt? Das ist Geschmackssache.

Willst du ernsthaft auch außerhalb des Bettes mit einem Bestimmer zusammen sein? Ein Pfiff und du stehst am Start? Wieviel bist du dir wert, wenn du dich auf diese Weise behandeln läßt? Möchtest du nicht einmal ein Miteinander erleben? Du sagst jetzt mit Sicherheit: „Doch! Natürlich will ich das!" Und warum suchst du dir dann Männer aus, die nicht im entferntesten Qualitäten an den Tag legen, mit denen sie punkten könnten? Weil sie eben andere Merkmale haben, die solch eine große Faszination auf dich ausüben, daß du deine guten Vorsätze beim leisesten Kontakt mit ihnen über den Haufen wirfst.

Ein Mann, dem du hörig bist, scheint jedenfalls die Macht zu besitzen, die Furie in dir zum Leben zu erwecken. *Du* gibst ihm diese Macht über dich, denn du willst sexuell hemmungslos und leidenschaftlich sein und ihm beweisen, welch phantastische Geliebte in dir steckt. Du bist eine Meisterin der totalen Hingabe – allerdings mit einem Auge auf seine Reaktion schielend, um herauszufinden, wie sehr er dich für deinen erotischen Einsatz begehrt.

Die sexuelle Leidenschaft zwischen euch schafft eine Bindung, die süchtig macht. Die Ungewissheit, wie es mit euch weitergeht, läßt die Spannung und Erregung steigen, und das Spiel Spannung-Entspannung, Auf und Ab, Hin und Her wird zum Zentrum eurer Verbindung. Nichts eignet sich besser als Szenerie für Verführungen als verbotene, heimliche Orte: Liebe im Auto, im Aufzug, im Kino, im Schwimmbad, in Absteigen oder im Freien. Wie bei „Tiere suchen ein Zuhause“ wissen die Heimatlosen nicht, wohin mit ihrer Leidenschaft, und die Suche nach dem „Bett im Kornfeld“ mutet da höchst spannend an. Alltag, Routine oder das langweilige Schlafzimmer der betrogenen Ehefrau können da natürlich nicht mithalten.

## Heißer Sex = Liebe?

Sabrina: „Auf der einen Seite wird er zum wilden Tier, wenn er meine totale Hingabe spürt, und begehrt mich auf eine Weise, die ich selten erlebt habe. Auf der anderen Seite behauptet er, mich nicht lieben zu können! Wie bitteschön paßt das zusammen?“

Warum umständlich, wenn es auch kompliziert geht? Männer können bekannterweise Sex und Gefühl voneinander trennen wie zwei verschiedene Paar Schuhe. Frauen haben diese „Fähigkeit“ eher selten. Gefühl und Körperlichkeit sind für sie meist verbunden. Sie halten Sex für Liebe, sowohl was ihre eigene Gefühlswelt als auch die ihres Partners angeht.

> „Die sexuelle Anziehung erzeugt für den Augenblick die Illusion der Einheit, aber ohne Liebe läßt diese ‚Vereinigung' Fremde einander ebenso fremd bleiben, wie sie es vorher waren.“
>
> *Erich Fromm*

Die Einheit zwischen zwei Liebenden kann durch Sexualität zu einem Gefühl von Auflösung im Miteinander führen. Voraussetzung dafür ist, daß sich beide gleichermaßen lieben – und nicht nur begehren. Und das ist eben längst nicht immer so. Das geschieht zwischen Paaren, die das Fest der Liebe tatsächlich mit allen Sinnen, nicht nur mit den körperlichen, zelebrieren.

Seltsamerweise sind es ausgerechnet Frauen, die sich, sobald sie länger in einer festen Beziehung leben, häufig als Sexmuffel herausstellen. Einfach, weil es nichts mehr zu erkämpfen gibt. Zwar ist Sex ohne Liebe für sie nicht möglich, doch wo bitte bleiben die großen Gefühle, wenn endlich ernst gemacht wird? Besonders bei Liebenden, die lange nicht zusammensein konnten, sei es wegen räumlicher Distanz oder einer bereits bestehenden Bindung, kommt es über kurz oder lang zur sexuellen Flaute, wenn die Schwierigkeiten aus dem Weg geräumt sind. Nicht nur diese verschwinden – der Kitzel auch.

Wie kann das sein? Holt diese Paare der Alltag schneller ein als andere? Gerade noch scheint sie die Göttin der Liebe und der Fleisch gewordene Traum eines jeden Mannes zu sein, doch sobald es zu einer festen Beziehung kommt, verwandelt sie sich allmählich in ein distanziertes Mauerblümchen. Wie paßt das zusammen? Das liegt sicher nicht nur daran, daß sich mancher Lover im Bett ziemlich talentfrei gebärdet, was die Bedürfnisse seiner Partnerin angeht, oder an der wohl bekannten Tatsache, daß Verliebtheit kein Dauerzustand ist.

Grund für die überraschende Lustlosigkeit einer doch eigentlich liebeshungrigen Frau ist, daß ein Mann, an dem es nichts mehr zu erobern oder zu kurieren gibt, keine Projektionsfläche mehr bietet. Die quälende Ungewissheit, die zwar einerseits schmerzhaft war, andererseits aber heftiges Herzklopfen auszulösen vermochte, ist weg, und das Wechselbad der Gefühle ist lauwarm geworden. Solange die Beziehung noch unklar war und diverse innere und äußere Hindernisse den Weg in die traute Zweisamkeit verbauten, loderte auch die Flamme der Leidenschaft besonders stark. Durch seine Unnahbarkeit stieg der verheißungsvolle Knabe zu einem Superhelden auf, der sexuelle Phantasien und unbefriedigte Bedürfnisse auslöste. Wenn aber die trennenden Schwierigkeiten beseitigt sind, echte Nähe und der Alltag einer festen Beziehung sich breit machen, verglimmt das einstige Feuer relativ schnell, und der Ofen ist aus. Woran liegt das?

Haben wollen, was man nicht haben kann? Nichts macht uns mehr an!

> „Da das sexuelle Begehren von den meisten mit der Idee der Liebe in Verbindung gebracht wird, werden sie leicht zu dem Irrtum verführt, sie liebten einander, wenn sie sich körperlich begehren."
>
> *Erich Fromm*

Der Reiz des Unnahbaren, ein Partner, der nicht einfach zur Verfügung steht, sondern nur durch Überwinden von Herausforderungen geliebt werden kann – das macht an! Und nicht nur den Mann! In punkto Sex ist die erotische Anziehungskraft eines unnahbaren Mannes, der es durch geheimnisvolles Flirten schafft, Frauen in seinen Bann zu ziehen, viel stärker als bei einem „Schlappschwanz", den frau einfach so haben könnte. Männer sind Jäger, und Frauen wollen erlegt werden – und umgekehrt. Jungs und Mädels sind heiß aufeinander und hintereinander her. Das ist seit ewigen Zeiten dasselbe aufregende Spiel. Auch im dritten Jahrtausend! Das Unmögliche möglich machen zu wollen spornt an. Zumindest ist das eine weit verbreitete Neigung, die irgendwie in unserer Natur zu liegen scheint – ansonsten gäbe es ja auch kein sexuelles Begehren, und das Leben wäre ganz schön fad.

Unnahbar heißt in diesem Sinne also auch heiß, gefährlich, geheimnisvoll und unwiderstehlich. Frauen lieben den Reiz, den ein unnahbarer Mann auf sie ausübt. Oder warum sonst gilt der ewige Single George Clooney als „the sexiest man in the world"? Weil er einen gottähnlichen Status hat – als Star, als äußerst attraktiver Mann und vor allem als unnahbarer Partner!

Sind nun alle Clooney-Fans liebessüchtig? Nur weil sie in wundervollen Phantasien von ihm schwelgen? Was ist gegen romantische Träumereien einzuwenden? Wenn es bei harmlosen Phantasien bleiben würde, könnten wir uns das Gerede von Sucht sparen. Das Problem sind die unheilvollen Nebenwirkungen, die anfängliche Phantasien vom Traummann auslösen können.

> „Nichts erregte sie so sehr wie ihre Anziehungskraft auf ihn und ihre Fähigkeit, ihn damit zu erregen. Es war nicht ihre eigene Sexualität, die sie zum Ausdruck brachte. Ann fand ihre Selbstbestätigung vielmehr in der Anziehungskraft, die sie auf Jim ausübte: Je heftiger er auf sie reagierte, desto wohler fühlte sie sich. Dabei hatte sie besseren Zugang zu seiner Sexualität als zu ihrer eigenen."
>
> *Robin Norwood*

Mit anderen Worten: Es kann sein, daß du einfach viel Staub um nichts aufwirbelst und es sich bei deinem Traummann gar nicht um Wirklichkeit, sondern um deine Projektionen und Idealisierungen handelt – mit freundlicher Unterstützung deines „hormonellen Chemielabors" und deiner unteren Etage.

# 5 Wie sich die Liebessuchtspirale dreht

Was passiert, wenn eine Frau, die dazu neigt, sich auf einen Mann zu fixieren, sich in ihn verliebt?

*Phase 1*

Der Himmel scheint voller Geigen zu hängen, und sie erlebt eine berauschende Verliebtheitseuphorie, die in der Regel drei glückliche Monate andauert. Sie ist der Meinung, endlich den Richtigen gefunden zu haben. Mit ihm soll sich alles ändern! Bis hierher unterscheidet sich diese Phase nicht von der anderer Verliebter.

*Phase 2*

Im Bett läuft es großartig. Ihre Fixierung setzt ein: Sie sucht nach immer mehr Nähe und Kontakt und bedrängt ihren Schwarm. Nach wenigen Wochen hat sie bereits das Bedürfnis, ihn fester an sich binden zu wollen, sei es durch Kinder, Heirat oder wenigstens einen mündlichen Vertrag zur Dauerleidenschaft.

*Phase 3*

Der erste Frust nach der Verliebtheitsphase entsteht, weil *er* erheblich weniger Einsatz und Interesse zeigt als sie. Sie bedrängt ihn mit suchtartigen Forderungen und Erwartungen, mit Klammern und dem wachsenden Bedürfnis, ihn ständig zu sehen. Gleichzeitig schleicht sich der Verlust eigener Interessen ein. Nichts und niemand ist ihr wichtiger als *er*. Der vermeintliche Partner bekommt langsam, aber sicher kalte Füße.

*Phase 4*
Antriebslosigkeit und leichte Depression – nur *er* zählt. Der Prinz zieht sich allerdings immer mehr zurück und meldet sich nur noch selten.
Endloses Warten und Hoffen darauf, daß er sich ändert und Gefühl zeigt.
Wachsendes Mißtrauen, was seine Gefühle angeht. Sie empfindet Unsicherheit und beginnt, sich und ihren Körper in Frage zu stellen, hat das starke Bedürfnis, ihm nachzuspionieren, ihn zu kontrollieren und zu manipulieren.

*Phase 5*
Kontrolle und Manipulation ihrerseits werden stärker.
Ihm wird's zu bunt, und er wird immer unnahbarer. Sie reagiert verärgert und verständnislos. Sie hegt immer mehr negative Gedanken über ihn und teilt ihm diese nach und nach mit.
Innere und teilweise verbale Verurteilung seiner Distanz.

*Phase 6*
Anklagen, Kritik und Aggression ihrerseits.
Das eigene Leben erscheint jetzt langweilig, trist und bedeutungslos.
Große Erwartungshaltung ohne Resonanz seinerseits.
Der Partner zieht sich zurück oder beendet die Beziehung

*Phase 7*
Eindruck von Wiederholung: Er verhält sich genau so wie schon die Männer vor ihm.
Versuche, ihn zurückzugewinnen: Gelingen sie, geht die Spirale von vorne los, gelingen sie nicht, empfindet sie Traurigkeit, Entsetzen,

Leere, Verlassenheitsgefühle und Panikattacken, die bis zu Selbstmordgedanken oder sogar -versuchen führen können.

Damit die Liebesspirale in Gang kommt, reicht meist schon eine gemeinsame Nacht. Nach Zuneigung und Wärme suchende Frauen geben sich schnell sexuellen Abenteuern und ungewollten One-Night-Stands hin, in der Hoffnung, durch ihre Körperlichkeit von ihrem Auserwählten anerkannt, „erkannt“ und geliebt zu werden. Die Bindung, die durch eine durchliebte Nacht entsteht, ist für sie bereits Anlaß zur Zukunftsplanung – für die Männer eher ein Anlaß zur Flucht!

Wenn die Ladies mit verkatertem Schädel und einem „... und Tschüß!“-Gekritzel neben dem Kopfkissen aufwachen, haben sie die grausame Gewißheit, daß die ersehnte Schulter zum Anlehnen sich bereits wieder in weiter Ferne befindet und kein Sex der Welt sie halten kann. Eine gute Gelegenheit, um sich selbst kritisch zu beäugen und von Kopf bis Fuß in Frage zu stellen! War es die lästige Cellulitis am Po, die den Beau vertrieben hat? Oder die Tatsache, daß ihr Look im Tageslicht nicht halten kann, was er nachts noch versprach? Klare Sache: Sie ist nicht gut genug, nicht schön genug, nicht sexy genug, und der Kerl hat´s gemerkt!

Statt ihr Verhalten zu beleuchten, spulen die Unglücklichen vernichtende Selbstkritik ab, mit der sie ihren Selbstwert herabsetzen. Liebessüchtige Frauen sind selten graue Mäuse, und doch haben sie oft unbegründete Komplexe und Unsicherheiten bis zum Anschlag. Sie machen die Diät der Diäten, weil *er* Frauen erst mit 52 Kilo lieben kann. Sie lassen sich die Brust operieren, nur weil er mehr zum Kuscheln braucht, als in eine Hand paßt. Sie färben ihre Haare jeden Monat um, weil er nicht klar gemacht hat, ob er mehr auf blond oder brünett steht. Es scheint, daß sie auf dieser Welt sind, um so zu sein, wie andere sie gerne hätten. Deutet er an, sie sei ihm irgendwie zu dick, wird man selbst eine coole Geschäftsfrau heulend auf dem Damenklo antreffen. Was auch immer *er* will – *sie* versucht, es *ihm* recht zu machen.

All den schönheitsverstärkenden Maßnahmen zum Trotz folgt nur selten Anerkennung, und der Kerl schweigt sich zum Thema Nähe und Verbindlichkeit hartnäckig aus. Also klammert frau weiter, gibt sich Mühe, mal so, mal so und vor allem *so* zu sein. Ohne Erfolg. Statt der ersehnten Zweisamkeit zeigt sich immer wieder aufs neue, daß der Besetzer ihres Herzens sich zurückzieht, wenn zu viel gefordert oder erwartet wird. Da nützen auch der beste Sex und die aktuellste Schönheitsoperation nichts. Der Typ macht nicht, was er soll! Dabei würde ihr ein Anruf oder eine kleine Zeile bereits genügen. Nix da. Wonderboy scheint das Interesse verloren zu haben, oder er ist wohl einfach zu schüchtern, zu verklemmt, zu ... was auch immer, um ihren Erwartungen gemäß zu agieren.

Also versuchen Liebestolle sich zeitweise interessant zu machen, indem sie mit dem Klammern aufhören. Da sie sich aber nicht lange zurückhalten können – der Reiz, ihn zu sehen, von ihm zu hören oder auch nur *eine* SMS zu bekommen, ist zu stark –, bombardieren sie ihn schnell wieder mit Liebeserklärungen, Komplimenten und angedeuteten oder ausgesprochenen Erwartungen. Das Drama setzt sich fort.

# 6 Hilfe, die Prinzessin ist eine Kröte!

## *Der verunsicherte Mann*

In einer Zeit, in der sich die meisten Frauen nach mehr oder weniger erfolgreicher Emanzipation zu selbständigen Alleskönnerinnen herausgeputzt haben, sprich: in vielen Fällen Mutter, Karrierefrau, Hausfrau und Vamp in einer Person sind, scheinen viele Männer irgendwie auf der Strecke geblieben zu sein. Sie sind ziemlich verunsichert, was ihre Rolle als Mann angeht. Sie dürfen keine Machos sein, Softies erst recht nicht, sollen dennoch den Kavalier spielen, sind aber nicht als Cary Grants auf die Welt gekommen und fühlen sich in der Rolle des Gentleman nicht zeitgerecht besetzt. Was denn nun? Wie soll Mann sich verhalten, um den Anforderungen Evas gerecht zu werden? Wie kann ein Mann ein Mann sein, ohne sich zu verbiegen?

Nicht wenige retten sich in unverbindliche Unnahbarkeit, weil diese zum einen interessant macht und das andere Geschlecht anlockt und zum anderen eine willkommene Schutzvorkehrung bietet, um eigene Unsicherheiten zu verdecken. So treffen die nach Romantik und großen Gefühlen lechzenden Damen den coolen Künstler, den verkorksten Intellektuellen, den beziehungsgestörten Börsenmakler, den verheirateten Familienvater, den ewigen Junggesellen oder karriereorientierten Werbedesigner an – allesamt aus der Kategorie „unreife Blödmänner“! So lautet jedenfalls ihr resigniertes Urteil nach den fehlgeschlagenen oder enttäuschenden Kontaktversuchen mit

Mr. Unbekannt – der doch so männlich werbend erschien und sich so schnell als gefühlloser Eisklotz entpuppte. Reiner Selbstschutz, wie sich noch herausstellen wird ...

Natürlich gibt es tatsächlich charakterlich fragwürdige Typen, die nur „das Eine“ wollen und sich abgebrüht eine „Perle“ angeln, mit der sie einen One-Night-Stand durchziehen und sie danach abservieren. Für sie sind Frauen, die schnell zur Sache kommen – weil sie glauben, durch Sex einen Partner binden zu können –, ein leichtes Opfer, das sie ohne Skrupel für ihre Zwecke ausnutzen. Ich mag jedoch keine pauschalen Schuldzuweisungen und glaube auch nicht, daß die nach Nähe schmachtenden Mädels naive Opfer ausgekochter Schufte sind, die von ihrer „unteren Etage“ ferngesteuert durchs Leben ziehen. Schließlich wissen wir ja, was wir tun ...

Mal von den charakterlichen Qualitäten unserer männlichen Partner abgesehen: Fakt ist, daß die meisten Männer nicht unbedingt ihr Herz auf der Zunge tragen, sondern lieber den Weg des geringsten Widerstandes gehen und ihre wahren Beweggründe gern hinter Notlügen, Verallgemeinerungen und Andeutungen verschanzen. Daher geben sie der zuneigungshungrigen Frau nur wenige bis gar keine Hinweise darauf, daß sie sich zu sehr bedrängt oder verunsichert fühlen. Verunsichert zum einen, weil sie nicht genau wissen, was von ihnen erwartet wird, und zum anderen, weil sie die attraktive Perle, die ihnen jetzt immer mehr auf die Pelle rückt, nicht einordnen können. Mal gibt sie sich stark und geheimnisvoll, dann wieder – meistens schon nach dem ersten Sex – ist sie bedürftig, schwach, anhänglich und unsicher. Was steckt dahinter? Ist sie das Superweib oder die Superzicke? Dann erinnert sich „Brad Pitt wider Willen“ plötzlich, daß auch die Kandidatin vom Vormonat nach dem Sprung in die Kiste in sofortige Belagerungshaltung ging. Spätestens jetzt fliegt ihre Tarnung auf, und er beginnt entsetzt zu erkennen: Hilfe, die Prinzessin ist eine Kröte!

Wagt er sich nämlich in die Nähe einer Frau, die er attraktiv und interessant findet und von deren Ausstrahlung eine gewisse Eigenständigkeit und Selbstsicherheit ausgeht, muß er bereits beim ersten Kuß oder in der ersten gemeinsamen Nacht feststellen: Die Auserwählte verwandelt sich schlagartig in ein Wesen, das ganz und gar nichts Märchenhaftes an sich hat. Und das liegt nicht etwa daran, daß sie morgens nicht so attraktiv erscheint, wie vielleicht noch zuvor in der schummrigen Kneipe oder durch ein Zuviel an Alkohol. Nein, Äußerlichkeiten sind nicht unbedingt der Schock, der mann Reißaus nehmen läßt. Was ihn abtörnt, ist, daß sie sich sofort auf ihn stürzt, als gelte es, ihn für alle Zeit festzunageln. Ihre unterschwelligen oder ausgesprochenen Erwartungen verwandeln frau von jetzt auf gleich in ein anhängliches, gräßliches, hungriges und vor allem forderndes Beziehungsmonster. Von „cooler Braut“ keine Spur! So empfinden es jedenfalls viele Männer, wenn sie die heimlichen Projektionen, Idealisierungen und Erwartungen der Ladies nach dem ersten körperlichen Kontakt spüren.

Schluß mit lustig! Es tut weh, nach einer innigen und leidenschaftlichen Nacht von der Bettkante geschubst zu werden. Zurückweisungen ohne jegliche Erklärung verletzen und verunsichern zutiefst, und es ist seitens der Männer nicht gerade die feine englische Art, kommentarlos abzutauchen. Doch Tränen und Hinterherlaufen weiblicherseits holen keinen Mann der Welt zurück. Erst recht nicht einen von der Sorte, die keine größere Angst als die vor Nähe kennt und nicht versteht, was du so Großartiges in ihm vermutest.

Der Schein trügt, denn so wunderbar wie du Mr. Unnahbar findest, sieht er sich selber nicht. Im Gegenteil: Wahrscheinlich ist er genau wie du auf der Suche nach der Superfee, die ihn zu verzaubern vermag. Elfenwesen klammern nicht und engen nicht ein. Sie sind selbstbewußt und „zauberhaft“, eroberungswürdig und undurchschaubar. Auch Männer wollen sich nach jemandem sehnen und nicht nur als Projektionsfläche dienen. Nichts vertreibt sie also mehr als deine sehnsüchtige Erwartung vom Paradies. Dein „Retter“ weiß selbst nicht, wo es langgeht, und eignet sich daher nicht im geringsten als „Guide in die Glückseligkeit“.

Es wird Zeit, innezuhalten und dich daran zu erinnern, wer du wirklich bist und wie du dich tatsächlich beim Anbandeln mit dem anderen (oder dem gleichen) Geschlecht gibst.

Wer bist du? Mit Sicherheit keine Kröte – aber auch keine Prinzessin, die perfekt sein muß. Du bist ein weibliches Wesen mit Licht- und Schattenseiten, und je eher du herausfindest, wie du tickst, desto größer sind deine Chancen, unglücklich machende Verhaltensweisen zu verändern.

## Der Hase und der Igel

Und *er*, der Angebetete? Warum macht er die Fliege, wenn er Lunte riecht? Entweder du bist ihm zu schwach, obwohl du doch so stark erschienst, oder aber du bist so stark, daß du ihn überforderst. Na, danke. Da haben wir es wieder: Die Männer von heute taugen nichts mehr!

Mag sein, daß er sich dir oder deinen Erwartungen tatsächlich nicht gewachsen fühlt. Dann hat er sicher nicht deine Kragenweite, und du solltest die Finger von ihm lassen – wenn du kannst. Es kann aber auch einfach so sein, daß du für seinen Geschmack zu viel Gas gibst und er sich von dir überfahren fühlt. Du nimmst ihm schlicht und ergreifend seine Rolle ab. Du kommst ihm immer zuvor.

Womöglich warst sogar du diejenige, die ihn in der Disco (oder wo auch immer) angesprochen hat, und dann bist du auch noch die erste, die eine ungeduldige SMS verschickt oder anruft. Während er sich vielleicht noch mit der Formulierung der ersten Nachricht an dich abmüht, sind auf seinem Handy bereits fünf ungeduldige von dir eingetroffen.

Laß *ihn* doch mal machen! Er will schließlich auch mal dazu kommen, sich als männlicher Verehrer zu geben. Wenn du nach dem zweiten Date bereits gedanklich bei der Familienplanung bist, was gibt es dann für ihn noch zu erobern?

Das hat schon eine Menge von der Geschichte vom Hasen und dem Igel. So schnell der Hase auch läuft: der Igel ist immer bereits vor ihm da, obwohl der Hase doch die schnelleren Beine hat. Er kann sich anstrengen, wie er will, mit dem Tempo des Igels kann er nicht mithalten. Dabei ist der Igel doch von Natur aus ein eher langsames Tier, und frau sollte gefälligst auch diejenige sein, die auf sich warten läßt. Kann sie sich nicht ein Mal souverän und leicht distanziert verhalten, damit der Tiger im Mann aktiv werden kann? Nix da. Die flotte Spielverderberin ruft per SMS, Mail oder Telefon: „Ich bin schon da!“, und der perplexe, verunsicherte Mann hat das Nachsehen. Einerseits will er eine „moderne Frau“, andererseits ist er mit ihrer Schnelligkeit und der dahinter vermuteten Bedürftigkeit mehr als überfordert. Was genau soll er tun? Was erwartet sie von ihm, und wofür hält sie ihn eigentlich? Jedenfalls tragen die Ladies mit ihrem Verhalten mit ihren Teil zu der Tatsache bei, daß die meisten Gentlemen ausgestorben sind.

Und – auch interessant: Schafft es eine Liebeshungrige mal, ein solch rares Exemplar aus der Steinzeit an Land zu ziehen, ist es entweder verheiratet oder irgend etwas stimmt nicht mit ihm. Natürlich gibt es auch liebestolle Männer, die sich nach nur zwei Wochen mit Wonderwoman zu einem Heiratsantrag hinreißen lassen. Dann wiederum ergreift oft die Braut die Flucht, und der Liebesbedürftige schaut dumm aus der Wäsche. „Dann doch lieber verlassen, als verlassen zu werden“, sagt sich der verletzte Ritter und nimmt sich vor, das nächste Mal „cooler“ zu sein.

Das zum Thema beziehungsfixierter Männer, die es natürlich auch gibt! Sie tarnen sich nur anders. Goethe hat der Liebessucht ein ganzes Werk gewidmet. Sein autobiographisch geprägter Briefroman *Die Leiden des jungen Werther*, in dem sich der liebeskranke Held zum Schluß das Leben nimmt, löste damals im ganzen Land eine Selbstmordwelle verzweifelter Liebessüchtiger aus. Der Dichter selbst schien dieselben Tendenzen zu haben, ja er verfiel noch im Alter von 74 dem Liebreiz einer 19Jährigen. Im *Werther* verarbeitete er seine unglückliche Jugendliebe zu der bereits verlobten Charlotte, die ihm den Verstand raubte und eine unwiderstehliche Anziehung auf ihn ausübte:

„Umsonst strecke ich meine Arme nach ihr aus, morgens, wenn ich von schweren Träumen aufdämmere, vergebens suche ich nachts in meinem Bette, wenn mich ein glücklicher, unschuldiger Traum getäuscht hat, als säß’ ich neben ihr auf der Wiese und hielt’ ihre Hand und deckte sie mit tausend Küssen.

Ach, wenn ich dann noch halb im Taumel des Schlafes nach ihr tappe und drüber mich ermuntere – ein Strom von Tränen bricht aus meinem gepreßten Herzen, und ich weine trostlos einer finstern Zukunft entgegen.“

# 7 Als Dauergast im Wartesaal

## *Darf's auch ein bißchen mehr sein?*

„Mangel an Liebe in persönlichen Beziehungen ist ihnen so vertraut, daß sie willens sind, zu warten, zu hoffen und sich noch mehr darum zu bemühen, dem anderen zu gefallen."

*Robin Norwood*

Eine Frau, die auf „ungesunde Weise liebt", verbringt ca. 80 Prozent ihrer Zeit mit Einsamkeit statt *Zweisamkeit.* Sie ist auch gemeinsam einsam, denn die ersehnte Verbindlichkeit bleibt Wunschdenken. Irgendwie wartet sie immer: auf *ihn*! Darauf, daß er sich ihr widmet, sein Herz öffnet, sich seiner Gefühle gewahr wird und sich dazu bekennt. Oder sie hofft darauf, daß er zu ihr kommt, seine Frau verläßt, ihr endlich einen Heiratsantrag macht, oder einfach auf den Moment, wo er ihr tatsächlich nah ist, denn selbst wenn er körperlich neben ihr sitzt, scheint er meist meilenweit weg zu sein. Sie ist gefangen im ewigen Hoffen auf die Änderung der Umstände und dem Verschieben auf die Zukunft.

Sie wartet und wartet – er-wartet ständig etwas von ihm. Erwartungen sind jedoch tödlich für jede Beziehung. Sie enthalten Bedingungen, die die Zuneigung in ein enges Korsett schnüren – bis es platzt und die Partnerschaft krank wird oder endet.

Warum verbringen Frauen den Großteil ihrer Lovestory in einem von ihnen selbst geschaffenen Wartesaal? Glauben sie, Geduld zu haben würde sie eines Tages ans Ziel ihrer Träume bringen? Wieso nehmen sie die „Einladung" zu dieser liebesfeindlichen Warteschleife überhaupt an? Schlicht und einfach, weil ihnen „ein bißchen Liebe“ von ihm die Sache wert ist.

Die Verliebte wartet und hofft darauf, daß ihr Halbgott sich auch endlich in sie verliebt. Die Geliebte zählt die Tage und Wochen, bis sich ihr Schatz für ganze drei Stunden von seiner Ehefrau loseisen kann – nach dem Motto: Lieber ein kleines Stück von ihm als gar keins.

Die Ehefrau wartet, bis ihr Mann von seiner heimlichen Geliebten nach Hause kommt und ihr weiter vormacht, er hätte keine. Die Freundin wartet auf den Tag, an dem ihr Partner ihr mehr Aufmerksamkeit schenken wird als seinem Auto. Die Frau des Alkoholikers hofft darauf, daß er endlich wieder nüchtern wird und sie mehr begehrt als die Flasche. Was für eine elende Zeitverschwendung!

Das Leben ist nicht zum Warten da! Und auch nicht für die alleinige Liebe zu einem Partner. Es geht darum, jeden Moment deines Lebens lieben und schätzen zu können – mit oder ohne Anhang. Oder? Worauf warten wir dann noch? Verbring dein Leben nicht in Wartestellung! Das hast du lange genug getan. Geh *deinen* Weg, nach vorne, unabhängig – statt auf irgend jemanden zu warten oder gar *seinen* Weg zu gehen! Denn warten bedeutet hier eine Geduldsprobe ohne Belohnung. Nervenaufreibender Stillstand ohne ein Ergebnis oder mit unbefriedigendem Ausgang. Hier kann nicht die Rede sein vom Warten darauf, daß die Zeit reif wird, oder vom besonnenen Handeln im richtigen Moment. Diese Form des Ausharrens geschieht aus purer Abhängigkeit und bedient die Illusion, gefangen und gelähmt zu sein. Es ist unglückliches Warten auf dem Abstellgleis, während die anderen Züge des Lebens an uns vorbeifahren.

Der von mir sehr verehrte Sänger Laith-Al-Deen klagt: „Ich will nie mehr warten und schweigen – obwohl schon längst alles in mir schreit – nie mehr ein Teil von mir leugnen – weil es mich für den Moment befreit ..."

Du hast die Wahl! Du brauchst nicht die Hilflose zu spielen und dich kleiner zu machen, als du wirklich bist. *Du* entscheidest, ob du mit einem Mann, der dich hinhält, zusammenbleiben möchtest oder nicht. Du kannst entscheiden, auch wenn es dir nicht so erscheint, weil du den besagten Knopf zum Abstellen nicht findest und nicht weißt, wie du dich wieder entlieben sollst.

Warum gibst du dich mit weniger zufrieden, als du dir ersehnst? Warum gehst du schmerzhafte Kompromisse ein? Von Sex mal abgesehen: Was gibt er dir, daß es dir wert erscheint, weiter an seinem Fliegenfänger zu kleben? Genügt dir seine verbale Bestätigung, daß du eine tolle Frau bist? Oder sagt er das noch nicht einmal, und du „liebst" ihn, obwohl er dich nicht zu schätzen weiß? Bist du etwa Masochistin und brauchst es gar, schlecht von ihm behandelt zu werden? Was macht seine Faszination aus?

Eins ist klar: Alles, was passiert, geschieht, solange du erlaubst, daß es sich abspielt! Die Dinge wiederholen sich, weil du sie nicht änderst. Wiederholung von leidvollen Situationen ist die Aufforderung, neue Ursachen zu setzen und dadurch die Weichen in deinem Leben neu zu stellen. Wenn du etwas Neues erleben möchtest, solltest du auch etwas Neues tun. Im Klartext: Jedes Mal, wenn du denselben ungeliebten Film anschaust, bist du aufgefordert, ja hast du sogar die Chance, dich anders zu verhalten als gewohnt. Erst dadurch, daß du eine neue Ursache setzt, kann sich auch eine neue Wirkung in deinem Leben zeigen. Du allein entscheidest, wann der Tag kommt, an dem du keine Lust mehr auf Wiederholungen und Vertröstungen hast! Und in dem Punkt unterscheidest du dich als Liebesjunkie vielleicht nicht allzusehr von anderen Drogenabhängigen. Die müssen auch erst im Dreck liegen, bis sie entscheiden, ob sie sterben oder leben wollen...

Warten zu können ist eine Tugend.

Warten zu müssen ist nichts als Quälerei!

Wann schaust du in den Spiegel und versprichst dir, mal etwas Neues, wirklich Schönes mit einem Mann zu erleben? Dauerhaft! Es liegt an dir! Die Vergangenheit hat dich geprägt. Doch in der Gegenwart entscheidest du über deine Zukunft.

Fühlt es sich nicht besser an, begehrt, umworben und aufrichtig bewundert zu werden? Oder macht es dir etwa Spaß, als verschmähter dummer August im Wartesaal zu hocken? Warum sich also weiter Herren der Schöpfung ausgucken, die beziehungsgestört, verheiratet oder sonstwie der Kategorie „don't touch“ angehören?

Ein verheirateter Mann, der sich nicht nach spätestens sechs Monaten zwischen dir und seiner Frau entscheidet, weiß nicht, was er will. Oder besser: Er weiß sehr genau, was er will. Es soll einfach alles so weitergehen. Ohne Konfrontationen und dazu bitte so viel Spaß wie möglich. Er baut dich irgendwie in sein Leben ein, „hält“ dich als seine Geliebte, und zwar möglichst lange, indem er dich auf ein diffuses Irgendwann vertröstet: „Du bist für mich die Nummer eins!“ verkündet er ab und zu großzügig – „am Ende der Schlange“ trifft es wohl eher. Auch wenn du beginnst, Forderungen zu stellen, ändert das erst einmal nichts.

Er läßt sich von dir nicht zu irgend etwas drängen und beschwichtigt, er müsse erst mal sein Leben aufräumen. Da er jedoch den Rosenkrieg und den Verlust von Frau und Kindern scheut, spielt er das Versteckspiel mit dir weiter, solange es eben geht. Selbst wenn es ihn innerlich zerreißen sollte: Er wird seiner Frau nichts von dir erzählen, nicht nur aus Angst und Schuldgefühlen. Da er damit beschäftigt ist, die Erwartungen zu erfüllen, die man an ihn stellt, ist das Verheimlichen die einzige „Freiheit“, die er noch zu haben glaubt. Und mit dir in seinem Liebesnest kann er stundenweise wieder durchatmen. Das ist nicht nur ein Ort der sexuellen Erregung für ihn, sondern auch eine Art Wiederaufladestation. Alles, was ihm in seiner langjährigen Ehe fehlt, findet er bei dir. Und das, was du nicht hast, hat seine Frau – wie praktisch. Die Gefühle, die er für dich hat, mögen aufrichtig sein. Dennoch solltest du nicht auf eine Entscheidung von ihm spekulieren, denn dann hast du den Schwarzen Peter. Nur ganz wenige Männer machen Nägel mit Köpfen und ziehen einen klaren Schlußstrich.

Darf es auch ein bißchen mehr sein, als nur 20 Prozent von der gewünschten Zweisamkeit zu erleben? Wie wäre es mit dem ganzen Kuchen statt nur ein paar Krümeln?

Solltest du das leidige Warten satt haben, gib als erstes die Fixierung und deine Erwartungshaltung an einen Partner auf, der dir keiner ist. Es hat keinen Sinn, enthaltsam zu leben und sich für jemanden aufzusparen, der nicht klar signalisiert, wie es mit euch weitergeht.

„Können vor Lachen“, entgegnest du mir jetzt sicherlich, „wie soll das gehen?“

Gib das Warten auf Godot auf und nimm für eine absehbare Zeit Abstand von deinem männlichen Dreh- und Angelpunkt. Vor allem geh auf Distanz zu deiner zwanghaften Besessenheit.

„Danke für die Belehrung ... Na, super! Wenn ich das könnte, dann wäre ich ja nicht süchtig und könnte an dieser Stelle dein Buch zuklappen!“ denkst du jetzt, richtig?

Du kannst!! Hör auf, dir einzureden, du könntest es nicht. Du bist kein Opfer – auch nicht dein eigenes. Irgend etwas oder besser gesagt „jemand“ in dir wählt das ewige Wartezimmer statt der Veränderung, weil du tief in dir davon ausgehst, etwas davon zu haben: Erstens bist du das bedauernswerte Opfer, das *er* aus dir macht. Und dafür soll er sich schuldig fühlen und es mit diversen Liebesbeweisen (wie kleinen Aufmerksamkeiten) wieder gutmachen. Zweitens scheinst du zu glauben, dies sei der einzige Weg, um ein Stück Glück zu erleben. Und last but not least: Durch deine Leidensfähigkeit beweist du ihm sozusagen immer aufs Neue, wie sehr du ihn liebst, ihn willst und was du alles im Namen der Liebe auf dich nimmst. Schade nur, daß er diese Liebesbeweise nicht zu schätzen weiß. Im Gegenteil: Er leidet an den Schuldgefühlen, die du ihm durch deine Opferhaltung machst, gibt dir lediglich einen kurzen, von dir „erzwungenen" Moment der Aufmerksamkeit und mehr nicht.

Jana: „Das Eis ist für mich zu dünn geworden. Lukas weiterhin stundenweise alle paar Wochen zu sehen, wäre der größte Betrug an mir selbst. Ich habe es ihm gesagt, immer und immer wieder. Ich wollte ihn nicht scheibchenweise, ich wollte ihn ganz oder gar nicht!"

Willst du mehr als ein Stück vom Glück? Möchtest du wirklich glücklich sein? Willst du dein Leben mit der Sonne oder einer Kerze erhellen? Wenn du die Sonne vorziehst, dann gib *ihn* als Zentrum deines Lebens auf. Setze dir und ihm eine Frist, sich zu entscheiden. Doch was noch viel wichtiger ist: Gib den Irrglauben auf, nur ein Partner könne dich glücklich machen! Das kann der Mann deines Geschmacks bestimmt nicht, denn schließlich orderst du immer Männer, die beziehungsunfähig, verklemmt, zu schwach, zu unentschlossen oder zu egoistisch für dich sind.

Du suchst dir schwache Männer aus und willst, daß sie stark sind!

Der Schlüssel zu deinem Glück liegt in dir. Schau auf dein kostbares Leben, statt das eines anderen zu verherrlichen!

Also, noch einmal die Frage an dich: Darf es auch ein bißchen mehr sein? Möchtest du etwas ändern und aus dem lähmenden Wartezimmer zurück ins Leben treten? Sollte dies dein aufrichtiger Wunsch sein, dann:

- Hör damit auf, an einem Mann zu kleben und ihn ständig sehen zu wollen!
- Werde dir deiner Erwartungen bewußt und arbeite an deiner inneren Haltung. Übe Erwartungslosigkeit, Vertrauen ins Leben und Offenheit!
- Erinnere dich an all das, was dir Freude bereitet und dich erfüllt, und tu es! (Damit zerschneidest du wesentliche Fesseln deiner Abhängigkeit!)
- Werde dir darüber klar, wer du wirklich bist (mit Sicherheit kein häßliches Entlein oder Aschenputtel! Also behandle dich auch nicht so!).
- Geh die Dinge an, die in deinem Leben anstehen, um deinen Weg zu gehen und dir deine Träume zu erfüllen! Was sind deine größten Fähigkeiten und Aufgaben auf deinem Lebensweg?

Ich sage nicht: Wähle Karriere statt Partnerschaft. Ich meine vielmehr: Vernachlässige dein Leben und deinen Weg nicht vor lauter verzehrender „Liebe“ nach ihm, sondern bleibe dir und deinem Weg treu und geh ihn – weiter – vorwärts – gleichmäßig – Schritt für Schritt. Freu dich deines Lebens – oder versuch es wenigstens.

Wie viele Frauen verlassen ihren Job, ihre Freunde, ihre Stadt oder sogar ihr Land nur für „ein bißchen Liebe“, auf die sie dann wieder in einer Endlosschleife warten müssen? Alles wird zunichte gemacht – für ihn! Wie viele Männer würden das je für eine Frau tun? Es stellt sich die Frage: Warum sollte das überhaupt jemand tun?

Hat eine Beziehung, die auf derart einschneidenden Kompromissen beruht, überhaupt eine Chance? Fordert Liebe den Preis, den eigenen Weg zu verlassen? Sollte sie nicht vielmehr dazu ermutigen, sich gänzlich zu entfalten und auszuweiten, statt sich anzupassen und zu beschneiden? Was hat mein Partner von mir, wenn ich nur noch ein Schatten meiner selbst bin und ihm unterschwellig oder direkt die Schuld dafür zuweise?

Vielleicht ist es ja auch so, daß du gar nicht so recht weißt, was genau deine Mission und dein Weg im Leben sind, und daher einem Mann solch große Bedeutung beimißt? Damit wärst du nicht allein. Viele Menschen haben keinen Schimmer von den in ihnen schlummernden Talenten und Herzenswünschen. Denn sie lenken sich mit ihrer Besessenheit ständig dermaßen von sich selbst ab, daß ihre eigentlichen Schätze nicht zum Vorschein kommen können. Der Partner tritt an die Stelle der eigenen Lebensaufgabe, und das Erkämpfen seiner Zuneigung wird zur heimlichen Hauptbeschäftigung.

Sarah: „Ich bin wieder ziemlich desillusioniert und auf die Tatsache zurückgeworfen, daß mein Leben zu isoliert ist, zu langweilig, und ich deswegen so obsessiv nach jemandem suche, der das für mich ändert. Solange es mir nicht gelingt, daran etwas zu ändern, werd ich wohl zwangsläufig immer liebessüchtig bleiben, weil das abhängige Benutztwerden unterm Strich immer noch aufregender ist, als sich allein zu Tode zu langweilen!"

Kommt deine Fixierung auf einen Mann, der nicht zu haben ist, von deiner Unzufriedenheit und deinen Zweifeln über den Verlauf deines Lebens? Ist er am Ende gar nicht das, was deine Phantasie aus lauter Langeweile oder Leere aus ihm macht? Dann ist dein großes Bedürfnis nach ihm nichts anderes als Ersatzbefriedigung, dein Held nichts weiter als ein Lückenbüßer und dein unbewußter Versuch, dich durch seine Anwesenheit in deinem Leben mit „fremden Federn“ zu schmücken.

Wenn *dein* Leben erblüht, erblüht auch die Liebe mit deinem Partner, weil deine Bedürftigkeit wegfällt und keinen Platz mehr fordert.

Mit deinem Wunsch, einen Partner zu finden, der dir deinen Lebenssinn erschließt, zäumst du das Pferd von hinten auf. Klar, solange dein Partner oder der, der es werden soll, dich inspiriert, kann sich das positiv auf dein Leben auswirken. Wenn du ohne ihn jedoch nichts hinbekommst, dich verloren und abgeschnitten fühlst, bist du auf ungesunde Weise von ihm abhängig.

Ich spreche hier von dem Kontakt mit deinem Lebenssinn. Ich will nicht sagen, daß Ergebnisse zählen, daß du *zuerst* etwas wie Karriere oder Geld oder gar einen gewissen Lebensstandard vorzuweisen haben müßtest, um *dann* eine Partnerschaft einzugehen. Mir geht es nur darum, dich darauf hinzuweisen, daß ein Mann dir den Sinn deines Lebens nicht auf dem goldenen Tablett servieren kann und wird. Was du auf diesem Planeten erleben möchtest, kannst nur *du* herausfinden. Die Gefahr ist groß, daß du deine Lebensaufgabe nicht verwirklichen wirst, wenn du dieses Thema mit der Fixierung auf ein männliches Gegenstück zeitweise oder ganz verdrängst. Spätestens, wenn du verlassen wirst, wird dich diese Herausforderung um so härter erwischen. Denn mit dem Verlassenwerden treten zuvor verdrängte Depressionen mit einer Heftigkeit hervor, die sehr leidvoll sein kann.

„Ach, diese Lücke ... diese entsetzliche Lücke“, um es mit Goethes Worten aus seinen *Leiden des jungen Werther* auszudrücken: „Wiederholtes Versprechen, das ihr die Gewißheit aller Hoffnungen versiegelt, kühne Liebkosungen, die ihre Begierden vermehren, umfangen ganz ihre Seele; sie schwebt in einem dumpfen Bewußtsein, in einem Vorgefühl aller Freuden, sie ist bis auf den höchsten Grad gespannt, sie streckt endlich ihre Arme aus, all ihre Wünsche zu umfassen – und ihr Geliebter verläßt sie.

(...) Erstarrt, ohne Sinne, steht sie vor einem Abgrunde; alles ist Finsternis um sie her, keine Aussicht, kein Trost, keine Ahnung! Denn *der* hat sie verlassen, in dem sie allein ihr Dasein fühlte. Sie sieht nicht die weite Welt, die vor ihr liegt, nicht die vielen, die ihr den Verlust ersetzen könnten, sie fühlt sich allein, verlassen von der Welt – und blind, in die Enge gepreßt von der entsetzlichen Not ihres Herzens, stürzt sie sich hinunter, um in einem rings umfangenden Tode alle ihre Qualen zu ersticken."

Entfalte dich – eigenständig – deinem Wesen entsprechend. Dafür gibt es keine Abkürzung. Niemand kann und sollte dir deinen Weg abnehmen. Auch die kleine Raupe bewerkstelligt ihre Transformation zum Schmetterling ja nicht über das „Ankleben", „Bewundern" oder „Lieben" männlicher Schmetterlingsflügel. Selbst wenn sie ewig darauf warten würde, daß jemand in ihr einen Schmetterling sieht – bis zu dem Tag, an dem sie tatsächlich einer geworden ist, wird jeder in ihr nur eine Raupe sehen. Sie kann ihre grandiose Verwandlung zum Schmetterling nur eigenständig vollbringen. Dafür zieht sie sich für eine Zeit in ihren Kokon zurück und läßt das Wunder geschehen. Welches Insekt fasziniert uns wohl mehr? Wer ist der Hingucker? Die kleine unscheinbare Raupe oder der elegante und farbenfrohe Schmetterling?

Statt deine unerfüllten Träume unter den Teppich zu kehren und mit Sehnsucht und Begeisterung nach *ihm* zu überdecken, kannst du ihn an deiner Persönlichkeit und an deinem Leben teilhaben lassen – wenn du denn ein eigenes Leben hast ...

Du kannst das, was dich und deine Individualität ausmacht, zur vollen Entfaltung bringen – nicht nur dann, wenn du verliebt bist und durch den Zauber der Liebe dermaßen aufblühst, daß du gar nicht weißt, was du zuerst tun sollst. Ohne die wundervolle Kraft des Verliebtseins schmälern zu wollen, möchte ich lediglich hinzufügen: Du kannst dich auch ohne den anderen in dein Leben verlieben und die Begeisterung für deine Existenz mit deinem Partner teilen – statt ihn als Bedingung dafür zu sehen, daß dir dein Leben lebenswert erscheint.

Eine Japanerin gab mir einmal eine klare Ermutigung mit auf den Weg, die sich als Bild in mir festgesetzt hat: „Wenn du wissen möchtest, *wer* dein Mann ist, steh auf und lauf! Geh deinen Weg, mit allen Konsequenzen und in deinem Tempo. Derjenige, der dir auf diesem Weg begegnet, dich sieht und in deinem Tempo locker mit dir Schritt halten kann, ist der Richtige."

# 8 Macht süchtige Liebe blind?

„Liebe macht nicht blind. Der Liebende sieht nur weit mehr, als da ist."
*Oliver Hassencamp*

Jessica: „Ich weiß nicht, was ich an ihm liebe. Er ist einfach sooooo sexy! Er läßt mich jedes Mal dahinschmelzen. Die Art, wie er sich gibt, schon allein sein Gang ... Er macht mich total an. Er ist einfach genau mein Typ!"

Sind wir Opfer einer triebhaften, magnetischen Anziehung und sehen milde über offensichtliche Charakterschwächen hinweg? Kann es sein, daß wir so verblendet und hypnotisiert sind, daß *er* in unserer Vorstellung zu jemandem wird, der mit der Realität nicht das geringste zu tun hat?

Machen wir ihn zu jemandem, den wir in ihm sehen wollen? „Basteln" wir uns einen Mann?

Natürlich macht Verliebtsein blind! Das ist keine Neuigkeit, und daran ist auch nichts verkehrt. Schließlich brauchen wir ja die Illusion, unser Romeo sei die makellose Antwort auf all unsere Wünsche, sonst würden wir uns ja gar nicht auf ihn einlassen. Das Problem ist, daß Liebeskranke dazu neigen, ihren Märchenprinzen dermaßen zu idealisieren, daß sie seine Unfähigkeiten und Unsicherheiten weder sehen noch akzeptieren. Sie backen sich ihren Prinzen und sehen ihn so, wie sie ihn gerne hätten. Wenn er sich dann nicht den Erwartungen entsprechend verhält, reagieren sie verständnislos, verletzt und verärgert.

Was macht seine Besonderheit eigentlich aus – außer der besagten Unnahbarkeit? Mag sein, daß er erotisch, sportlich und energisch ist, vielleicht ist er auch einfach nur interessant, verkorkst und auf seine Art ganz besonders. Die Frage, die im Raum steht, ist jedoch: Kann er uns Geborgenheit geben? Nährt er uns in irgendeiner Weise? Oder ist er grenzenlos egoistisch und hat keine Ahnung von unseren Bedürfnissen? Wie verhält er sich konkret bei uns? Unterstützend? Oder zieht er uns eher den Boden unter den Füßen weg? Was genau ist dann noch so besonders an ihm?

Wenn wir tatsächlich mit ihm zusammen wären, dauerhaft und auf eine Weise, wie wir es uns wünschen – wie lange würde seine „coole Masche" oder seine Einzigartigkeit dann über seine Defizite hinwegtäuschen? Würden wir ihn dann überhaupt noch wollen?

Anja: „Ich denke, es geht letztlich gar nicht um Achim. Er ist eher ein Symbol für das schöne Gefühl, in das ich verliebt bin und das ich durch ihn bekomme."

Sind Menschen, die obsessiv lieben, einfach nur „naiv"?

Was unser eigenes Verhalten betrifft, schon. Unsere Wimpern sind der Iris so nah, daß wir sie ohne Spiegel nicht sehen können. Ergo bekommen wir leider nur zu häufig auch als letzte mit, wenn wir alte Verhaltensmuster abspulen. Dann stecken wir meist schon bis über beide Ohren in der Abhängigkeit drin.

Wir mögen zu naiven Idealisierungen unseres Traumprinzen neigen, die manch eine süchtige Romantikerin erahnt, manch eine eher verdrängt. Tief im Innersten wissen wir sehr wohl, daß das Verhalten unseres Don Juans nicht viel Ehrenhaftes hat und wir uns unter unserem Wert verkaufen. Meistens erkennen wir sogar sehr deutlich, was beim anderen „äußerlich betrachtet" nicht stimmt und führen heimliche Negativlisten, auf denen wir eifrig Punkte sammeln:

Claudia: „Ich kann Jan schon nicht mehr böse sein wegen der Absage, und doch ist es keineswegs vergessen, ich sehe nicht blind darüber hinweg. Es addiert sich zu einer Liste ..."

Und Sabine ist sich bewußt: „Er ist immer unpünktlich, er sagt mir nicht, daß er mich liebt, er scheint verantwortungslos zu sein ...“

Unsere Freundinnen oder Tagebücher können ein Lied davon singen. Es geht in unseren Erzählungen über ihn stetig rauf und runter. Entweder er ist „der Beste“ oder einfach nur „der Arsch“... (auch nicht gerade ein Indiz dafür, daß wir ihn tatsächlich lieben!) Am Ende gewinnt immer der Eindruck, er sei „trotz allem“ unser Traumtyp, und er sei es nun mal wert, sich über seine Unverbindlichkeit, Unzulänglichkeit, Unpünktlichkeit und seine ständigen Verletzungen hinwegzusetzen. Von daher macht Liebe nicht unbedingt blind, sondern in erster Linie handlungsunfähig.

Obwohl uns sein Verhalten stört, nervt oder verletzt: Wir stecken immer wieder den Kopf in den Sand und finden nicht die Entschlußkraft, Konsequenzen zu ziehen. Wir lassen sein Verhalten weiter zu, auch wenn unser Stolz es eigentlich verbietet, wir uns bei ihm darüber beschweren oder sogar ausheulen. Die Süße, die er uns in kleinen Dosen immer wieder verabreicht, scheint den Preis, nämlich unseren Stolz zu begraben, wert zu sein.

Hier ist also nicht die Erblindung gemeint, die über die Fehler des anderen hinwegsehen läßt, sondern vielmehr die illusionäre Annahme, Liebe hätte etwas mit Erdulden zu tun. Gefolgt von der Selbsttäuschung, wir könnten den anderen ändern.

„Tief in den Schneebergen lebt der Vogel Kankucho, der, von schneidender Kälte gequält, schreit, daß er am Morgen ein Nest bauen will. Wenn der Tag kommt, verschläft er jedoch die warmen Stunden in der Morgensonne, ohne sich ein Nest zu bauen. Und so fährt er fort, vergebens sein ganzes Leben hindurch zu weinen.“

*Nichiren Daishonin*

# 9 Tanz der Vampire

## *Kontrolle ist gut, Vertrauen ist besser*

Wir nehmen also unsere Opferrolle zähneknirschend hin und schicken unseren Stolz endgültig in die Wüste. Warum? Wir hoffen, daß der Liebste sich mit der Zeit doch noch ändern wird, und glauben, unsere Würde sei nun mal der Preis, den wir für seine Verwandlung zahlen müßten. Was natürlich nicht stimmt. Die Liebe verlangt keinen Preis. Sie ist kostenlos und frei. Wahre Liebe wächst, je mehr man davon gibt! Da es sich hier aber nicht um bedingungslose Liebe handelt, nehmen wir die unausgesprochenen „Vertragsbedingungen“ an. So lange bis uns der Kragen platzt und sich unser Ego Luft verschafft.

Denn wenn das tapfere und vorgetäuschte Erdulden nichts bringt, geht frau zur nächsten Phase über. Sie beginnt damit, sich zu beklagen. Kennst du das? Du beginnst Endlosdiskussionen, die bewirken, daß dein Süßer sich in einen schweigsamen Kühlschrank verwandelt und sich in seine Höhle mit dem Schild „Hau ab!“ zurückzieht. Vor verrammelter Tür redest du ungehemmt auf ihn ein, philosophierst über „Recht und Unrecht“, erklärst ihm, was er noch alles zu lernen habe und was er unbedingt an sich ändern müsse. Du kannst ewig so weitermachen und vor seinem Rückzugsort Wurzeln schlagen ... Er ändert nichts, und die Tür bleibt zu!

Das nagt am Selbstwertgefühl und verstärkt Selbstablehnung und Schamgefühl. Es macht wütend, daß er mit uns umgehen kann, wie er will, und wir nicht in der Lage zu sein scheinen, etwas dagegen zu tun. Wir fühlen uns als Opfer, obwohl wir doch „eigentlich“ wissen, daß wir ansonsten sehr stark sein können. Wir kleben an seinem Leben, sind von seinem Tun und Lassen abhängig und betteln an seinem Rockzipfel um Aufmerksamkeit.

Stell dir mal vor, deine beste Freundin würde damit anfangen, dich jeden Tag anzurufen, ihren Tagesablauf voll auf dich einzustellen und sich in jeder Hinsicht komplett von dir abhängig zu machen. Ganz schön nervig auf die Dauer, oder? Wie lange wäre sie dann wohl noch deine beste Freundin? Richtig, du würdest versuchen, sie kurzerhand loszuwerden!

Das Gefühl, für etwas bewundert zu werden, mag ja recht angenehm sein. Ufert diese Bewunderung allerdings zu einer Art heimlichem Stalking aus, wird es unangenehm und sogar beängstigend! Was will der andere nur von mir? So besonders bin ich doch gar nicht! Kann er oder sie mich nicht mal in Ruhe lassen!

Genau das kann sie nicht, die liebesbedürftige Braut. Sie hat ein heimliches Hobby, das nicht gerade dazu führt, beim anderen in der Beliebtheitsskala aufzusteigen: ihr Talent zum Kontrollfreak! Sehr gefürchtet ist ihr Abfragekatalog: „Wo warst du so lange?“ – „Wieso hast du mich nicht angerufen?“ – „Liebst du mich noch?“ – „Wann trennst du dich endlich von ihr?“ – „Wann sehen wir uns endlich?“ – „Warum sagst du mir nicht, daß du mich vermißt?“ – gefolgt von: „Warum hast du mich verlassen?“ und: „Wieso kommst du nicht zu mir zurück?“

Tja, warum wohl...?

## Unterschwellige und offene Schuldzuweisungen als Druckmittel

Solltest du dich bei auch nur einer dieser Fragen ertappen, kannst du sicher sein, daß es sich bei deiner Form der Liebe garantiert nicht um aufrichtige Liebe handelt. Du stellst nämlich permanent süchtige

Forderungen an deinen Partner und hast eine versteckte oder ausgesprochene Liste von Erwartungen an ihn. Wie er zu sein hat, was er zu tun und was zu lassen hat, damit es dir gut geht. Du siehst dich nicht imstande, ihn so akzeptieren und zu lassen wie er ist.

Besonders weibliche Wesen haben die „Gabe", durch Zweideutigkeit, Gestik, Mimik und einen bestimmten Unterton Forderungen und Schuldzuweisungen an ihr männliches Gegenüber auszusenden, z. B. durch einen vorwurfsvollen „Bambi-Augenaufschlag". Wenn du davon überzeugt bist, bestimmte Ansprüche an deinen Partner zu haben, wird es dir schwerfallen, auf Vorwürfe zu verzichten, falls er sich nicht deinen Erwartungen entsprechend verhält. Also arbeitest du mit verdeckten oder direkten Schuldzuweisungen und erreichst damit nur, daß dein Partner dich nicht mehr, sondern weniger liebt!

> „Wir spielen uns auf wie ein zehn Tonnen schwerer Lastwagen voller Urteile darüber, was richtig und falsch, fair und unfair oder gut und schlecht ist, um bei ihnen Scham- oder Schuldgefühle auszulösen, falls sie unsere Forderungen nicht erfüllen. Oder wir ziehen uns in unser Schneckenhaus zurück und lassen subtile Hinweise auf unser Märtyrertum fallen. Wir hüllen uns in Schweigen, in der Hoffnung, daß die andere Person nachgeben wird!"
>
> *Ken Keyes*

Soll das etwa heißen, man soll alles stillschweigend hinnehmen? – Im Gegenteil! Es kann keine Rede davon sein, daß du deinem Partner auf Kosten deiner Selbstachtung keine Grenzen setzen solltest. Wenn er mit seinem Verhalten beginnt, dein Leben zu beeinträchtigen, solltest du ihm das mitteilen. Jedoch ohne die innere Arroganz, er habe sich deiner Fernsteuerung zu fügen!

Grenzen abzustecken ist das eine, Manipulation das andere. Eine Frau, die Anlaß zu kontrollierendem Verhalten wie Eifersucht, Spionage, Manipulation und Herrschsucht hat, dreht sich in ihrem Leben komplett oder zumindest tendenziell um einen Mann. Sie ist also emotional völlig von ihm abhängig. Abhängigkeit ist keine Liebe, weil sie auf Mangel statt auf Fülle basiert. Ein Partner sollte deine Bedürfnisse nicht ignorieren, doch ihre Erfüllung mit allen Mitteln einzufordern bringt dich nicht ans Ziel. Liebe und Fürsorge sind eine freiwillige Angelegenheit.

Leider wird auch in den meisten Fällen aus den falschen Motiven heraus geheiratet. Nicht etwa als Ausdruck inniger Verbundenheit zweier Herzen, die zu ihrer Authentizität und Einheit mit dem Ganzen gefunden hätten, sondern aus Torschlußpanik, Angst vor dem Alleinsein und dem Bedürfnis, einen Garanten, der für immer und ewig Liebe und Zuneigung versprechen soll, festgenagelt zu haben. Ein vertraglich geregeltes Versprechen, basierend auf einem großen Sicherheitsbedürfnis, ist nachvollziehbar, hat aber nichts mit Liebe und Freiheit, Spontaneität, Feuer oder Erotik zu tun.

Eine solche Ehe erinnert eher an einen Tanz der Vampire, die sich gegenseitig den Lebenssaft aussaugen, weil sie ohne fremdes Blut nicht leben können: „Du gibst mir das, dafür bekommst du von mir das..." Oberflächlich gesehen könnte man diese Vereinbarung für Teamwork halten. Tatsächlich jedoch rauben sich die beiden Blutsauger gegenseitig Energie, denn sie geben und nehmen nicht freiwillig und aus der Fülle ihres Lebens, sondern erfüllen zwanghaft die Rolle, die der andere von ihnen erwartet.

Das ganze Beziehungskarussell hat schon sehr viel von einem „Jahrmarkt der unreifen Bedürftigkeiten": Es gibt Zärtlichkeiten im Sonderangebot gegen ein bißchen Aufmerksamkeit, Sex im Sechserpack im Gegenzug für Anerkennung und jede Menge „Liebe“ (so steht es jedenfalls auf der Verpackung) für ein Gefühl der Zweisamkeit. Ständig reden wir davon, zu lieben und geliebt werden zu wollen. Doch wie verhalten wir uns tatsächlich? Liebevoll? Oder nicht eher vorwurfsvoll?

> „Ich entdeckte, daß ich die Reinheit der Liebe verlor, wann immer mein Ego eine Gegenleistung von meiner Partnerin erwartete. Weder Magie noch Spontaneität entstanden, wenn ich in einer Buchhalter-Einstellung gefangen war. Denn Liebe ist kein Tauschgeschäft. Als ich begann zu lieben und zu dienen, ohne mich um Gegenseitigkeit zu sorgen, tat sich um mich herum ein liebevolles Feld auf, in dem ich viel zurückbekam, viel mehr, als ich je geben konnte.“
>
> *Ken Keyes*

Um die Qualität aufrichtiger Liebe zu entwickeln, ist es notwendig, Vertrauen aufzubauen und Kontrolle aufzugeben. Nicht *blindes* Vertrauen. Es geht auch gar nicht darum, *ihm* zu vertrauen. Es geht um das bekannte Selbstvertrauen und das Vertrauen ins Leben. Je mehr du selbstverständlich davon ausgehen kannst, daß du es wert bist, geliebt zu werden, um so mehr wirst du diese Liebe erfahren.

# 10 Der Versuch, die falsche Person zu ändern

„Wir mühen uns damit ab, unseren Partner verändern zu wollen. Nach einer Weile geben wir auf: Das hat keinen Zweck mit dir. Ich gehe! Wir verlassen ihn und verlieben uns neu, nur um nach kurzem wieder feststellen zu müssen, daß sich der gleiche Film mit einem anderen Hauptdarsteller wieder von vorn abspielt."

*Linda Johnson*

Du denkst vielleicht: „Wenn ich es schaffe, mich irgendwie von meinem Partner zu lösen, dann geht es mir besser." Es kommt zur Trennung, und das „Bäumchen-wechsel-dich-Spiel" geht weiter. Simsalabim: Ein neuer Herzensanwärter wird herbeigezaubert. Diesmal scheint der Richtige angebissen zu haben.

Doch – oh Schreck! Der neue Romeo sieht dem alten (ent-)täuschend ähnlich. Er hat nicht nur körperliche, sondern auch persönliche Eigenschaften, die dem bisherigen Kreis der Auserwählten mehr als entsprechen. Und nicht nur das: Früher oder später spiegeln sich der eigene Zustand und die eigenen inneren Muster auch beim neuen Partner wider, wenn auch in der irrigen Annahme, mit dem anderen stimme etwas nicht. Die Schokoladenseiten bröckeln auf beiden Seiten, und die weniger schönen Seiten unterm Zuckerguß zeigen sich. Und bald wird dir wieder unmißverständlich vor Augen geführt: Wenn du dich nicht änderst (oder besser gesagt, deine Liebesfähigkeit nicht erweiterst), dann kannst du auch keine glückliche Beziehung führen.

Frustrierende Wiederholungen sind oft das Motiv, warum wir es in unserer Beziehung nicht mehr aushalten, und der Anlaß, unseren Partner ändern zu wollen. Sie zeigen uns jedoch letztlich nur, was wir noch nicht in uns verändert haben.

Lisa fühlt sich von ihrem Partner zutiefst vernachlässigt und teilt ihm dies mit, gefolgt von einem Forderungskatalog, wie er sich zukünftig verhalten solle: „Ich durchlöcherte ihn mit Fragen nach seinem Verhalten mir gegenüber, und er schien von meinem Ratequiz nicht gerade begeistert, fühlte sich in die Ecke gedrängt und ließ kaum was raus. Ich kann es einfach nicht lassen, ihm Druck zu machen. Ich will unbedingt, daß er sich ändert – auch wenn ich längst weiß, daß das nichts bringt und nichts mit Liebe zu tun hat."

Sind wir an dem Punkt, wo wir für ein paar romantische Nächte nicht mehr über seine ausbleibenden Liebesbeweise hinwegsehen können, beginnen wir damit, unseren Liebling zu manipulieren. Wir wissen jetzt ganz genau, was *er* zu ändern hätte, damit er so ist, wie wir es uns vorstellen. Also basteln wir uns einen Mann und geben offensichtliche oder versteckte Kommandos durch:

Es wäre schön, wenn...
Warum bist du nicht...?
Warum machst du nicht...?
Warum hast du nicht...?
Wann kapierst du eigentlich...?
Wie lange muß ich denn noch warten, bis du...?

Wir fühlen uns im Recht, weil wir unter seiner Vernachlässigung leiden, und erklären ihm, wie er sich wunschgerecht zu verhalten habe, stellen Analysen auf, ob er es tut, und wenn nicht, warum nicht.

Verfolgen Strategien, um ihn zu einem bestimmten Verhalten zu manipulieren. Vergebens. Ein Prinz läßt sich nun mal nicht backen. Da hilft es auch nichts, notfalls entnervt das Nudelholz herauszuholen und verbal auf ihn einzuschlagen! Doch denk daran: Wenn du mit dem Finger auf eine andere Person zeigst, zeigen vier Finger auf dich! Es nutzt nichts, einen Spiegel zu beschimpfen, wenn das eigene Gesicht schmutzig ist ...

Stell dir dein Leben einmal als ein Wasserglas vor, in dem sich außer klarem Wasser auf dem Boden Schmutz angesammelt hat. Jetzt kommt ein Mann vorbei, nimmt einen Löffel und rührt in deinem Wasserglas herum. Übertragen heißt das: Sein Erscheinen und sein Verhalten wirbeln dein Leben auf, und die Bodenablagerungen werden sichtbar. Ist es *sein* Verschulden, daß das Wasser in deinem Glas jetzt nicht mehr klar, sondern schmutzig ist? Solltest du ihn dafür verantwortlich machen und beschimpfen, daß er dir die Illusion genommen hat, es befände sich nichts als reines Wasser in deinem Glas? Hat er nicht vielmehr die Funktion, nicht nur deine Schokoladenseiten, sondern auch die Abgründe deines Lebens ans Licht zu bringen?

Wieso bemühen wir uns weiterhin so hartnäckig, die „falsche Person" zu ändern, zu verbessern oder zu kritisieren? Es ist auf jeden Fall einfacher, die Fehler und Schwächen des anderen aufzudecken, gefolgt von Forderungen, wie er diese beheben solle. Hinter solch einer blinden Einstellung steckt nicht nur vergebliche Liebesmüh', sondern auch die große Illusion, die Umgebung solle mit dem anfangen, was eigentlich unsere Aufgabe wäre. Zu denken, die anderen hätten ja noch so viel zu lernen, während wir bereits über den Dingen stehen, ist ziemlich arrogant.

Im Buddhismus werden Ärger, Dummheit und Arroganz als die „drei Gifte" bezeichnet. Wenn wir eine Veränderung beim anderen fordern, aktivieren wir eine Art „giftige Liebe“, solange wir uns unseren süchtigen Tendenzen nicht bewußt stellen. Auf diese Weise zu “lieben“ ist vor allem Gift für *uns*, denn es macht uns blind, abhängig und unglücklich. Aber dieses Gift fordert auch dazu heraus, ein Gegengift zu entwickeln, durch das wir uns gegen künftige giftige und schädliche Liebe impfen können.

Ziehe einmal in Erwägung, daß du an deinem Herzensmann ohnehin nichts zu ändern brauchst, sondern daß er so, wie er ist, für dich im Moment genau der Richtige ist, auch wenn er sich aufgrund seiner inneren Unfreiheit vielleicht unmöglich verhält. Es ist nicht gesagt, daß er derjenige ist, der die höchste Punktzahl an Qualitätsmaßstäben verdient. Auch wenn er vielleicht nicht die Idealbesetzung und der Mann fürs Leben ist, kann er doch „der Richtige“ für deine Entwicklung sein. (Wie lange diese auch immer dauern mag.) Mit ihm an deiner Seite zeigt sich gnadenlos, woran du noch zu knabbern hast. Kannst du ihn mit seinen Schwächen und Abgründen akzeptieren und lieben? Oder mußt du deswegen leiden und ihn daher verurteilen und abweisen?

Willst du an ihm und mit ihm wachsen? Jeder für sich – gemeinsam? Ist es dir möglich, alleine zu stehen und gemeinsam zu gehen?

Mit „alleine stehen“ meine ich nicht, still zu stehen, sondern die Fähigkeit, eigenständig zu sein und auch gut alleine sein zu können. Nur mit innerer Stabilität hat man die Voraussetzung dafür, auf erfüllende Weise „gemeinsam gehen“ zu können.

Als bessere oder schlechtere *Hälfte* ist man kaum lebensfähig. Wie soll man auch als „halber Ball“ durchs Leben rollen? Solch ein Gebilde rollt nicht, sondern *wartet* – darauf, daß die andere Halbkugel es von seiner Passivität erlöst. Zwei „ganze Bälle“, die Seite an Seite durchs Leben rollen, auf eine gemeinsame Richtung zu, sind keine zwei Hälften, die sich gegenseitig brauchen, um komplett zu sein, sondern zwei vollständige Wesen, die nach vorn blicken, um zu sehen, was sie mit dieser Liebe anfangen möchten. Sie bewegen sich unabhängig voneinander und wählen aus freiem Willen, nebeneinanderherzukugeln.

Solch eine Verbindung macht Spaß, bereichert, beschenkt sich gegenseitig mit Überraschungen und wird selten langweilig. Vor allem gibt sie die Sicht frei auf mehr als nur die „traute Zweisamkeit". Anstatt so liebesblind zu werden, daß man der Illusion erliegt, die Welt bestünde aus nur zwei Personen, die wie Kletten aneinander hängen, kann man die Liebe, die man für den Partner empfindet, so umfassend erleben, daß sie sich auf die Mitmenschen ausdehnt. Verbindungen, die solch eine Tiefe haben, sind Beziehungen, die die Welt bewegen können. Ihr Miteinander hat nicht nur den Zweck, sich gegenseitig zu heilen, sondern vielmehr, in Verbindung mit weit mehr als nur einer Person stehen zu können.

Erkenntnis ist der erste Schritt zur Besserung. Sollten wir uns dabei ertappen, süchtige Forderungen an den anderen zu stellen, können wir das zwanghafte Bedürfnis, ihn zu korrigieren, aufgeben und stattdessen als einen Hinweis akzeptieren, daß wir an uns selbst arbeiten sollten. Keine einfache Herausforderung. Dein Ego wird diese Zeilen mit Sicherheit nicht lieben, doch aus meiner Sicht ist die Bändigung unserer egoistischen Forderungen die einzig wirksame Methode, um in Harmonie mit unserem Partner zu kommen.

Das empfehlenswerte Buch *Lieben was ist* von Byron Katie beschreibt detailliert, wie man solche Egofallen mit vier simplen, jedoch enorm tiefgehenden Fragen entschärfen kann. Sie sagt: „Entweder man klammert sich an seine Gedanken oder man überprüft sie." Und zwar mit Hilfe der folgenden Fragen:

1. Ist es wahr, was du denkst?
2. Kannst du absolut sicher sein, daß es wahr ist?
3. Wie reagierst du auf diesen Gedanken?
4. Wer wärst du ohne diesen Gedanken?

Anschließend empfiehlt Katie, die Aussagen der Gedanken in ihr Gegenteil umzukehren.

„Wenn Sie erkennen, auf welche Weise Sie anderen gepredigt haben, sollten Sie den anderen jetzt eingestehen, wie schwer es Ihnen fällt, selber das zu tun, was Sie von ihnen verlangt haben. Teilen Sie ihnen mit, auf welche Weise Sie sie manipuliert und reingelegt haben, wie Sie wütend geworden sind, Sex, Geld und Schuldgefühle benutzt haben, um zu bekommen, was Sie wollten."

# 11 Vorsicht Verwechslungsgefahr: Liebesfieber und Helfersyndrom

Liebessüchtige Frauen suchen sich nicht nur Männer aus, die in große Probleme verstrickt sind – sie haben auch viel Talent, sich in letztere hineinziehen zu lassen. Entweder steckt der Herzallerliebste in einer Sucht fest, ist zum Beispiel ein Workaholic, spielsüchtig, Alkoholiker oder sonstwie drogensüchtig. Oder aber er ist arbeitslos, depressiv und weiß nicht viel mit seinem Leben anzufangen.

Sofort erwacht das in uns veranlagte Helfersyndrom und versucht, ihn zu therapieren. Klar bezahlen wir seine Schulden, natürlich haben wir dafür Verständnis, daß er sich noch nicht für einen Entzug bereit fühlt. Sicher sind wir für ihn da, wenn er uns braucht. Schließlich lieben wir ihn ja so sehr. Bis zu dem Moment, wo die Katastrophe passiert, machen wir artig bei dem Spielchen mit und geben die attraktive Krankenschwester. Warum? Weil wir ihn tatsächlich so sehr lieben?

> „Sträflingsfrauen wie Monica zeigen vielleicht am deutlichsten, was es heißt, zu sehr zu lieben. Sie sind unfähig, überhaupt Nähe zu einem Mann zuzulassen; statt dessen leben sie mit der Phantasie, mit dem Traum von einer Liebe. Diese Liebe wird sich in dem Moment erfüllen, wo sich der Mann endlich geändert hat und endlich für sie da sein kann."
>
> *Robin Norwood*

Liebe spielt dabei leider die kleinste Rolle, auch wenn es nicht so scheinen mag! Wäre es Liebe, würde eine Frau ihren Partner nicht aus einer starken Erwartungshaltung dazu drängen, etwas zu ändern, sondern sie würde ihm etwas von ihrer liebevollen Energie abgeben, die sie selbst glücklich macht – ohne etwas dafür zurückzuverlangen oder klammheimlich zu erwarten.

Doch das ist nicht der Fall, und wie sie für sich selbst ein glückliches und erfülltes Dasein erschaffen kann, ist einer Frau, die „zu sehr liebt", in Wirklichkeit ein großes Rätsel. Dennoch gibt sie ihm Tips, Anweisungen oder Hinweise, was *er* tun soll, um sein Problem zu lösen. Entweder sie jammert und klagt, daß er so ist, wie er ist, oder sie versucht schlicht, ihm alles abzunehmen. Zwischen ihnen gilt eine Art stillschweigende Vereinbarung, daß sie mehr gibt, als sie von ihm bekommt. Warum? Ist das so erfüllend? Ist sie so selbstlos?

Mitgefühl hat sie sicherlich – doch es gibt noch wesentlichere Gründe, die sie zu der Unterstützung ihres Mannes anstiften:

- weil seine Probleme sie selbst belasten und stören
- weil sie sich durch die Konzentration auf ihn von ihren eigenen Problemen ablenken kann
- weil sie besser dasteht als er, wenn sie ihm zeigt, wo es langgeht – zumindest scheint es so
- weil sie ihre Kindheitsprogrammierung dadurch wiederholt

Das funktioniert hervorragend – für eine kurze Weile. Die unterbewußte Hauptmotivation des Helfersyndroms liegt aber darin, sich für ihn unverzichtbar zu machen und ihn auf diese Weise an sich zu binden. Sie sucht Liebe und Anerkennung über ihre Zuwendung für ihn und seine Probleme, denn sie kann sich nicht vorstellen, daß jemand sie einfach so lieben könnte, wie sie ist. Ihr Einsatz soll ihm zeigen, wie liebenswert und wertvoll sie ist. Nur durch ihre Hilfeleistung kommt er wieder auf die Füße – so glaubt sie. Wenigstens bis zum nächsten Absturz. Nur durch ihre gute Helferseele und „Liebe" kann er wieder Land sehen – so hofft sie insgeheim.

Sie sieht sich als die gute Fee, auf die der arme Kerl die ganze Zeit gewartet hat – und er, der Undankbare, merkt es nicht! Dabei braucht er doch dringend ihre Hilfe! Wenn sie ihn erst einmal geheilt hat und er sein Leben wieder auf die Reihe kriegt, wird er erkennen, wer sie wirklich ist – so spekuliert sie. Er wird ihr dankbar sein und sehen, wie sehr er sie braucht. Und dann wird er sich endlich in den Prinzen verwandeln, den sie schon die ganze Zeit in ihm gesehen hat.

Natürlich brauchen Männer auch Wärme und Fürsorge, sonst würden sie sich kaum Frauen aussuchen, die den Hang und die Fähigkeit zum Helfen haben. Jedoch wünschen sie sich diese Aufmerksamkeit nur in Maßen, ohne Bemutterung, Bevormundung oder Übereifer. Und vor allem, ohne unbewußte Erwartung beziehungsweise Berechnung. Sie selbst haben es mit dem Geben nicht so. Sie hatten meist als Kind das Problem, zu jung zu viel Verantwortung tragen zu müssen, und geben daher mehr aus Pflicht- und zwingendem Verantwortungsgefühl als aus einem aufrichtigen Wunsch heraus. Sie haben nicht nur ein Problem damit, Hilfe anzunehmen, sie geben im Gegenzug auch nicht viel oder sogar gar nichts zurück.

Manch einer nutzt uns schlicht hemmungslos aus. So erzählt Jennifer: „Roland stand plötzlich vor der Tür und flehte mich an, ihm bei seinem Heroin-Entzug beizustehen. Er warf sogar sein letztes Gramm Stoff aus dem Fenster, um mir zu beweisen, daß es ihm ernst war. Zwei Tage lang lag er schwitzend, weinend und zitternd in meiner Wohnung, und ich hielt ihn wie ein kleines Baby in den Armen.

Als ich am dritten Tag kurz die Wohnung verließ und vergaß, ihn einzuschließen, war er weg. Mit ihm meine Lederjacke und 400 Euro. Ich habe ihn seitdem nicht mehr wiedergesehen."

Daß der Glaube, ihn retten zu können und dafür in seiner Gunst aufzusteigen, ein schwerer Irrtum ist, muß Mrs. Superwoman immer wieder schmerzlich erfahren. Denn erstens ändert er sich nicht, obwohl sie sich so sehr um ihn kümmert, und zweitens dankt er es ihr nicht. Im Gegenteil! Genervt zieht er sich in seinen inneren Panzer mit der Aufschrift „Keinen Schritt weiter!" zurück.

Wie kann es sein, daß all ihre Versuche, ihm zu helfen, nichts bringen? Sie zahlt seine Spielschulden, und er hört trotzdem nicht auf zu spielen. Sie besorgt ihm einen Therapieplatz – er geht nicht hin. Sie kauft Konzertkarten – er kommt nicht! Sie macht alles (was *er* eigentlich tun sollte) und dennoch: von positiver Resonanz seinerseits keine Spur. – Wie ungerecht! Soll das etwa heißen, Fürsorge hätte nichts mit Liebe zu tun? Zu tun schon, aber die Motivation dahinter ist wesentlich.

Warum setzt du dich so sehr als Therapeutin für ihn ein? Aus lauter Liebe? Bist du sicher? Ich behaupte mal ganz frech: Schön wär's! Mitgefühl mag eine Nebenrolle spielen, doch eigentlich geht es uns nur um uns selbst. Wir *brauchen* es, den anderen zu therapieren. Zum einen, um vom eigenen Leben abzulenken, zum anderen, um uns besser zu fühlen und aufzuwerten. So gesehen ist unser Einsatz für den anderen sogar paradoxerweise egoistisch.

„*Ich* und *egoistisch*?" wirst du mir jetzt vielleicht empört entgegnen! „Von wegen, ich bin doch Mutter Teresa in Person, und *das* ist mein Problem!" Ja, das ist dein Problem. Aber nicht etwa, weil du den Namen „Teresa" trägst und altruistisch handelst. Fehlanzeige! Es ist ja verständlich, daß du ihm helfen möchtest, aber da du noch nicht einmal in der Lage bist, dir selbst zu helfen, befindest du dich auf der falschen Baustelle. Deine Hingabe in allen Ehren, doch bist du dir selbst gegenüber genauso hingebungsvoll? Versuchst du nicht eher, mit deinem Einsatz etwas von ihm zurückzubekommen? Etwas, das du dir selbst nicht zu geben vermagst? Hier liegt doch die eigentliche Ursache! In Wirklichkeit setzt du dich doch deswegen so sehr für ihn ein, weil du hoffst, er würde sich dann endlich verändern und sich dir widmen. Du hoffst, daß es nur seine Probleme sind, die ihn so unnahbar machen. Also gilt es, diese zu beheben. In Wirklichkeit braucht er seine Probleme, Süchte oder was auch immer schon allein als Alibi, um nicht hinreichend für dich da sein zu können. Arbeitssucht ist letztlich auch so ein beliebtes Ablenkungsmanöver. Ein Mann, der mit seinem Schreibtisch erheblich mehr Zeit als mit dir verbringt, ist auf der Flucht vor dir, vor allem jedoch vor einem Teil in sich selbst. Den Preis für solch ein Leben muß er selber zahlen. Es ist allein seine Entscheidung, ob und wie lange er auf diese Weise leben möchte.

Du meinst, *Geben* sei nicht dein Problem, schließlich seist du ja daran gewöhnt, deinen Partnern immer zu geben. Doch mit welcher inneren Haltung? Geben, geben, geben – bis der Arzt kommt. Du verausgabst dich für Gott und die Welt und bist vielleicht sogar der Auffassung, dies sei deine Aufgabe. Mag ja sein, wenn du darin aufgehst. Wenn es dich von Herzen glücklich macht und das Glück des anderen auch dein Glück ist. Dann gibt es keine Trennung, und dein Geben ist mit Sicherheit eine wundervolle Angelegenheit. Es ist eine Gabe, auf diese Weise geben zu können.

Das Helfersyndrom ist aber nicht einfach so zu verstehen, daß du nur eine gute Helferseele bist, sondern vielmehr, daß du zwanghaft glaubst, du *müßtest* geben, um etwas zu bekommen, genauer, *um geliebt zu werden*. Daher machst du dich unentbehrlich. Es ist der unbewußte Versuch, dich aufzuwerten und dich durch dein Helfen vorm Verlassenwerden zu schützen.

> „Ist Selbstsucht wirklich dasselbe wie Selbstliebe, oder ist die Selbstsucht nicht gerade die Folge davon, daß es an Selbstliebe fehlt?"
>
> *Erich Fromm*

Selbstsüchtig heißt hier nicht, daß du nur an dich denkst. Im Gegenteil: Du vernachlässigst dich sogar und denkst mehr an die anderen als an dich. Das Ego ist in der Angst zu Hause. Der Angst, mit deinen Bedürfnissen auf der Strecke zu bleiben. Dir mangelt es an einem Selbstwertgefühl, das selbstverständlich davon ausgeht, daß sich andere für dich und deine Belange einsetzen.

Liebe wohnt nicht in der Angst, sondern vermag sie zu überstrahlen. Ängste schmelzen im Angesicht wahrhaftiger Liebe dahin wie Eiszapfen in der Morgensonne. Leider ist genau das der Knackpunkt! Was ist mit dir? Wann kümmerst du dich um dich? Wann gibst du dir das, was du dir von anderen erhoffst? Wenn du damit anfängst, wird auch deine Umgebung diese Fürsorge verstärken. Wenn du dich statt dessen übergehst, wirst du von anderen auch übergangen werden. So einfach ist das.

Allen liebesbedürftigen Frauen mangelt es massiv an einem lebendigen und aufrichtigen Gefühl von Selbstwert. Es geht darum, daß du dich selbst nicht umarmen kannst, weil du gar nicht weißt, wie das geht. (Die bildhafte Vorstellung ist ja auch nicht gerade einladend: So lange Arme hat kein Mensch!) Du weißt es nicht, und du beschäftigst dich auch nicht damit, wie du es lernen könntest. Also kümmerst du dich statt dessen um den Mann, der unbedingt deiner Rettung bedarf.

Kommt dir das bekannt vor? Du drängst ihm Ratschläge auf, die er gar nicht hören, geschweige denn annehmen möchte. Du versuchst ihn zu belehren, zu beschützen und zu unterstützen. Ohne Erfolg. Für ihn tust du alles. Nur dir selbst gegenüber verweigerst du jede Hilfeleistung. Und obwohl du siehst, daß dein Einsatz wenig Früchte trägt (Alkoholiker hören nicht auf zu trinken, weil du es ihnen vorbetest), kannst du es nicht lassen, die Therapeutin zu spielen. Richtig? Was für eine Energieverschwendung! Für beide.

Wie paßt das zusammen? Du tust alles für Menschen, die es vielleicht noch nicht mal verdienen, vergißt die eigentliche Hauptperson in deinem Leben, dich selbst, dabei aber sträflich? Damit sagst du dir unterbewußt: „Alle bis auf mich sind es wert, von mir unterstützt und geschätzt zu werden!" Und genau durch diese innere Affirmation bekommst du einen perfekten Spiegel vorgehalten. Allen geht es besser als dir! Du wirst mit deinen Bedürfnissen einfach übersehen. Und danken wird dir auch keiner für deinen Einsatz. Dein Partner und deine Freunde sind ja von dir regelrecht darauf programmiert, dich als Starke zu sehen, die keiner Hilfe bedarf. Klarer Fall von Selbstsabotage, immer nur die starke Frau zu geben. Läßt du es zu, einmal schwach zu sein, laufen die meisten schreiend davon.

Jasmin: „Es lief alles ganz gut bis zu dem Tag, als ich mit Gipsbein auf Krücken vor ihm stand. Da ist er irritiert abgetaucht."

Jasmin kann ein Lied davon singen, was in der Beziehung mit einem Verantwortungsflüchtling passieren kann, wenn sie die „normale" Erwartung zuläßt, vom anderen unterstützt zu werden. Wäre es für sie selbstverständlich, Hilfe vom männlichen Geschlecht zu bekommen, dann wäre genauso selbstverständlich liebevolle Unterstützung der Fall. Wenn wir uns jedoch immer nur fragen, wie wir anderen helfen können, uns dabei aber selbst vergessen oder aus falschem Stolz so tun, als ginge es uns gut, belügen wir uns und andere, indem wir so tun, als fehle es uns an nichts. Denn wenn es uns doch so gut geht, woher kommt dann unsere ausgeprägte Bedürftigkeit? Wir gehen nicht unseren Weg und verweigern uns die Unterstützung, die wir doch eigentlich bitter nötig hätten. Noch schlimmer: Wir verleugnen unser Leben, indem wir so tun, als benötigten wir keine Unterstützung. Nehmen und Annehmen bleiben auf diese Weise Fremdwörter für uns.

Dramen, Katastrophen, Krankheiten, tiefe Leere und Traurigkeit entstehen, wenn du dein Leben und deine dir angeborenen Talente nicht ausschöpfst und dich hinter deinem Einsatz für andere versteckst. Leuchtet das ein? Falls ja: Wann fängst du damit an, dich um dich selbst und deine Wünsche zu kümmern? Dich dir selbst zu widmen und damit einen „gesunden Egoismus“ zu entwickeln?

## Das Hohe Lied der Liebe

> „Die Liebe übt Nachsicht; in Güte handelt die Liebe.
> Sie eifert nicht; die Liebe macht sich nicht groß, sie bläht sich nicht auf.
> Sie benimmt sich nicht ungehörig; sie sucht nicht das Ihre; sie läßt sich nicht erbittern; sie rechnet das Böse nicht an. Sie hat nicht die Freude am Unrecht, freut sich jedoch an der Wahrheit. Sie erträgt alles, sie glaubt alles, sie duldet alles.“
>
> *Das Hohe Lied der Liebe*, 1 Korinther 13, 4-7

Hier wird eine Liebe beschrieben, die keinesfalls alltäglich ist. Sie eignet sich daher auch hervorragend dazu, mißverstanden zu werden. Klingt der Vers doch zunächst nach einer demütigen Person, die alles schluckt, nicht aufmuckt und nichts verlangt. Insofern könnten diese Zeilen auch das untertänige Verhalten einer Liebessüchtigen beschreiben und nicht das eines liebenden Herzens, das vor Nächstenliebe überläuft. Es gibt hier jedoch einen entscheidenden Unterschied. In *Das Hohe Lied der Liebe* geht es um die Größe und Kraft wahrhaftiger Liebe und deren Fähigkeit, sich mit aufrichtigem Mitgefühl über Widrigkeiten, Fehler und Abgründe der Mitmenschen hinwegzusetzen. Hier ist von einer Liebe die Rede, die größer ist als alle intensiven Gefühle des Abgetrenntseins, die Verhaltensweisen wie Helfen um jeden Preis oder abhängiges Erbetteln von Aufmerksamkeit nach sich ziehen können.

Wie willst du jemandem helfen, wenn du dich schwach fühlst und selbst nicht aufrecht im Leben stehst? Wenn du krank bist, gehörst du ins Bett! Nicht auf die Straße im Einsatz für andere. Du steckst sie nur an.

Entscheidend ist, daß du ein eigenes erfülltes Leben haben mußt, um das tun zu können. Wenn du eine große Pizza hast, kannst du auch Stücke davon selbstlos verteilen. Ist dein Teller allerdings leer und versuchst du anderen nur deshalb zu helfen, damit zur Belohnung etwas auf deinem eigenen Teller landet, dann hat das nichts mit Selbstlosigkeit, sondern vielmehr mit Hunger nach Liebe und Aufmerksamkeit zu tun.

Liebessüchtige haben – auch wenn sie dies gut verbergen können – eher ein wackeliges Dasein, das von krassen emotionalen Höhen und Tiefen geprägt ist. Sie lassen sich vom Verhalten der Menschen in ihrem Umfeld manipulieren und versuchen im Gegenzug, diese durch ihr eigenes Verhalten zu kontrollieren.

Der Hauptunterschied zwischen bedingungsloser Liebe und Liebesabhängigkeit liegt für mich in der Motivation. Sucht ist ein reaktiver Zustand, deren Wurzel in Leere und mangelnder Selbstachtung aufgrund von vergangenen Mißbräuchen und Kränkungen liegt. Helfen wird dabei oft verwechselt mit dem Wunsch, gebraucht zu werden. Man möchte für seinen Einsatz für andere aufgewertet und belohnt werden. Was ist also zu tun, wenn wir anderen und uns tatsächlich helfen möchten?

## Unsere Selbstliebe verstärken

Da Liebessucht auch bedeutet, sich selbst nicht zu lieben, sollten wir als erstes daran arbeiten, unsere Selbstliebe zu verstärken, und lernen, gut zu uns selbst zu sein, aufhören, andere manipulieren oder kontrollieren zu wollen.

Mag sein, daß wir eine angeborene Sehnsucht danach haben, Menschen Glück zu bringen, aber man kann kein Glück erzwingen. Strategien führen niemals irgendwo hin, sie verursachen nur viel Ärger für alle. Uneingeschränkter Einsatz für das eigene Leben ist der Schlüssel dazu, damit aufhören zu können, das Verhalten anderer kontrollieren zu wollen. Es gilt, gesunde Grenzen zu ziehen, zu erkennen, daß jeder seine eigenen Probleme selbst lösen muß. Niemand sonst kann das für ihn tun. Geben wir uns und der Person, von der wir meinen, daß wir sie lieben, Raum.

# Teil II

# Ursachen

# 12 Spieglein, Spieglein an der Wand ...

## *Die Spiegelfunktion in Beziehungen*

„Ich beginne, die Spiegelung meiner selbst in Andreas zu erkennen. Auch ich reagiere mit großem Unmut bis hin zur Unfreundlichkeit, wenn ich mich durch starke Erwartungen anderer vereinnahmt fühle. Z. B. in der Beziehung zu meinen Eltern sowie damals durch Stefan, jüngst durch Ralf, zeitweise durch Ingo, manchmal durch Jürgen. Und das spiegelt Andreas mir jetzt umgekehrt: Auch er fühlt sich durch meine Erwartungshaltung schlicht vereinnahmt, selbst wenn ich gar nichts wirklich Klammerndes tue oder sage – er ist so feinfühlig, daß er diese Erwartungen in mir subtil spüren kann. Darum taucht er in meinem Erlebniskosmos auch nur dann auf, wenn ich nichts mehr von ihm erwarte. Das spürt er unterbewußt."

Clarissa erfährt, daß ihr Geliebter ihr mit Anerkennung und Liebe begegnet, sobald sie keine Erwartungen an ihn hat. Schmachtet sie hingegen voll bedürftiger Sehnsucht nach ihm, hält er sich zurück, selbst wenn sie ihre Bedürftigkeit gar nicht artikuliert. Sie hat Einsicht in die sogenannte Spiegelfunktion bei Beziehungen – ein Phänomen, das in den vergangenen Jahren bereits vielen Menschen eindringlich zu Bewußtsein gekommen ist. Man benötigt einen Spiegel, der dazu dient, das eigene Verhalten zu erkennen.

Mit Hilfe eines Spiegels betrachtest du die Gegenwart. Schaust du dich im Spiegel an, siehst du, wie du jetzt gerade aussiehst – spiegelverkehrt. Wenn du zum Beispiel gerade erst aufgestanden bist, die

Augen halb offen und die Frisur ganz zerdrückt, macht ein normaler Spiegel nur die Feststellung: So siehst du gerade aus. Bist du aber wirklich nur das? Ist das dein ganzes Wesen?

Natürlich nicht. Um mehr von uns als nur Äußerlichkeiten zu erkennen, dienen uns Beziehungen aller Art als Spiegel. Besonders Liebesbeziehungen weisen eindringlich darauf hin, wo bei uns der Hase im Pfeffer liegt, und reflektieren unser Wesen von allen Seiten. Menschen, mit denen wir in Beziehung stehen, spiegeln unsere positiven wie auch weniger positiven Wesensanteile gnadenlos wider. Und obwohl wir das mittlerweile fast alle wissen, verhalten wir uns immer noch so, als seien es die anderen, die sich verändern müßten, wenn uns ihr Verhalten nicht gefällt.

Dies liegt nicht zuletzt daran, daß wir ein tiefgreifendes Mißverständnis über unser Leben haben. Wir glauben an Trennung. Die größte Ursache für Unglück ist es, alles von außen – getrennt von uns selbst – zu betrachten und sich vom Lebensstrom abgeschnitten zu fühlen. Diese Trennung scheint sehr real zu sein, doch in Wirklichkeit gibt es keine. Trennung ist eine Täuschung. Vielmehr ist das Leben wie ein unsichtbares Netz, das uns mit allem verbindet. Alles ist eins und aus dem gleichen Material, vollkommen ausgestattet mit zwei Polen: dem Positiven und dem Negativen. Nichts ist nur das eine oder das andere. Es existiert immer zusammen. Die Frage lautet daher nicht: „Sind meine Umstände gut oder schlecht?“ sondern: „Wie *benutze* ich meine Umstände?“

Wir brauchen also kein Opfer der Umstände mehr zu sein, denn wir haben immer die Wahl, wie wir unser Leben gestalten möchten. Denn unser Leben ist vollkommen ausgestattet, und wir sind mit allem verbunden. Alles, was innen ist, ist auch außen sichtbar. Dennoch tendieren wir dazu, uns ständig von anderen und unserer Umgebung abzutrennen. Sieh dir den Film an, den du vor deinen Augen abspielen läßt. Unser Leben ist ein Produkt von genau dem, was wir kreiert beziehungsweise verursacht haben. Das mag uns zuweilen als ein sehr hartes Konzept erscheinen, jedoch beinhaltet es Freiheit und Selbstverantwortung.

Wir sind frei und können uns individuell verwirklichen. Diese Entfaltung hat immer einen direkten oder indirekten Einfluß auf unsere Umgebung sowie diese auf uns, denn wir sind ja mit ihr verbunden. Wir fühlen uns gut oder schlecht gelaunt, je nach Wetterlage. Die Gravitationskraft von Mond und Sternen übt einen meßbaren Einfluß auf uns aus, niemand kann sich dem entziehen. Nichts im Universum steht für sich allein, alles steht miteinander in Zusammenhang. Die Beziehung zwischen uns und unserer Umwelt ist so eng wie die des Körpers zu seinem Schatten. Ein Schatten ist nicht einfach so da, sondern sieht dem Körper, der ihn wirft, ziemlich ähnlich. Es gibt dicke Schatten, dünne Schatten, große, kleine – sie sind so verschieden wie die Menschen, die sie werfen. Der Schatten ist nicht identisch mit dem Körper, er ist etwas anderes – aber er spiegelt den Körper wider. Ohne ihn würde es diesen Schatten nicht geben.

Auch unsere Schattenseiten gehören zu uns! Genauso ist es auch mit Mensch und Umgebung: Sie sind nicht identisch, doch die Umgebung gibt den Lebenszustand des Menschen wieder. Wenn du dich in deiner Umgebung oder mit einem Gegenüber unglücklich fühlst, ist es, als würde dir jemand den Spiegel vorhalten mit der Aufforderung: „Mädchen, mach doch jetzt mal was anderes! Ergreife die Initiative und ändere dich!“ Indem du bei dir anfängst, änderst du damit auch deine Umstände, die dir nur widerspiegeln, wie es in *dir* aussieht! Shakti Gawain, eine geniale Lehrerin in Sachen Spiegeltechnik, sagt dazu:

„Fühlst du dich von dem, was jemand tut, emotional berührt, dann seid ihr wahrscheinlich Spiegel füreinander. Es mag den Anschein haben, als hättet ihr gegensätzliche Standpunkte, aber innerlich seid ihr euch sehr ähnlich. Jeder von euch spielt eine Saite eines eigenen inneren Konflikts.“ Und:

„In dem Moment, wo man nach innen geht und sich über seine Gefühle klar wird, erkennt man oft, daß man seinen inneren Konflikt nur auf die Außenwelt projiziert hat, um ihn erkennen und lösen zu können. Wenn jemand aufrichtig nach einer engen Gemeinsamkeit strebt, dann wird er auch einen Partner anziehen, der dasselbe Bedürfnis nach Nähe hat. Ein Mensch, der sich vollkommen darüber im klaren ist, daß er Erfahrungen mit vielen verschiedenen Partnern machen will, wird dies auch tun. Mit der Spiegeltechnik kann man herausfinden, was man wirklich fühlt, und lernen, sich selbst gegenüber ehrlicher zu sein.“

Jedem Problem wohnt die Lösung bereits inne. Die Kunst ist, sie zu finden. Voraussetzung dafür ist, daß man sie im eigenen Leben sucht. Es erfordert Mut, in die Tiefe zu gehen und sich einzugestehen, daß wir es sind, die das Drama unseres Lebens schreiben. Wir setzen bestimmte Ursachen, auf die wir bestimmte Wirkungen erhalten. So einfach ist das.

Um die eigenen Schwächen und Stärken zu erkennen, bedarf es der Bereitschaft, bei sich selbst anzufangen. Das ist nicht gerade leicht, doch es ist die Bedingung dafür, Leiden und Probleme zum Positiven zu wenden. Es geht also nicht darum, passiv zu bleiben und über die schlechten Umstände zu klagen, sondern die wichtige Botschaft ist: Wir können unsere Umgebung beeinflussen, indem wir uns selbst verändern!

# 13 Let's Tango

## *Warum sich Liebesabhängige und Beziehungsflüchtlinge ergänzen*

Wie wir im letzten Kapitel gesehen haben, sind unser Partner und unsere Probleme mit ihm letztlich Spiegelungen unserer selbst. Und spätestens, wenn wir bemerken, daß wir jedes Mal wieder an dieselbe Sorte unnahbarer, beziehungsunfähiger Männer geraten, sollten wir uns fragen, was das eigentlich mit uns zu tun hat.

Eine bedeutende Ursache dafür, daß sie keine wirkliche Beziehung zustandebringen, erkennen zuneigungshungrige Frauen meistens nicht, denn sie ist tief in ihrem Unterbewußtsein vergraben: Unbewußt haben sie nämlich genau die gleichen Bindungsängste wie die Ladykiller!!

„Wie bitte? *Ich* soll Bindungsängste haben? Was für ein Quatsch, ich will doch nichts mehr als eine funktionierende Beziehung!" sagen sie aufgebracht.

Und warum suchen sie sich dann immer einen Mann aus, der keine wirkliche Nähe zulassen kann? Weil sie selbst eine tiefe, ungeahnte Angst vor Vereinnahmung haben! Von der sie zwar nichts wissen, die aber dennoch ihr Leben dirigiert. Aus ihrem Unterbewußtsein.

Nicole: „Er hat insgesamt so viele Schwächen, daß vielleicht seine einzige Stärke und Macht über mich darin besteht, sich so rar zu machen, so unnahbar zu sein!"

Indem sich Frauen wie Nicole einen unnahbaren Partner aussuchen, stellen sie sicher, daß der Angebetete ihnen niemals wirklich zu nahe kommen wird. Und daher müssen sie sich auch nie wirklich auf jemanden einlassen, obwohl sie doch behaupten, eine feste Bindung sei das, was sie sich sehnlichst wünschen. Weit gefehlt! In Wirklichkeit fürchten sie sich vor wahrer Nähe, denn das ist etwas, was sie gar nicht kennen. Sie haben zwar ein großes Bedürfnis danach, doch gleichzeitig wissen sie nicht, wie man eine solche Nähe lebt. Um es mit den Worten von Marlene Dietrich zu sagen: „Träume sind nur schön, solang sie unerreichbar sind."

Pia Mellody, eine amerikanische Pionierin und Expertin in Sachen Liebesabhängigkeit, beschreibt genau, wie Liebesabhängige ticken. Ihr zufolge ist unsere größte „bewußte" Angst die vor dem Verlassenwerden, und wir tolerieren fast alles, um zu verhindern, daß dies geschieht. Die Ironie hierbei ist, daß dem Liebesabhängigen nicht klar ist, daß solch ein Klammern rein gar nichts mit einer gesunden Zweisamkeit gemein hat. Davor fürchtet er oder sie sich nämlich – unbewußt.

Während Liebessüchtige denken, daß sie nach einer engen Beziehung suchen, sind sie in Wirklichkeit verschreckt, wenn sie eine solche angeboten bekommen, denn sie wissen nicht, wie sie damit umgehen sollen. Bei einem bestimmten Grad an Nähe geraten sie regelrecht in Panik und tun etwas, um erneut Distanz zum Partner zu schaffen.

Diese beiden Ängste – die bewußte vor dem Verlassenwerden und die unbewußte vor Nähe – sind das selbstzerstörerische Dilemma der Liebesabhängigen. Einerseits möchten sie unbedingt eine feste Beziehung, andererseits können sie im Grunde keine gesunde Nähe aushalten und sind sich dessen tragischerweise nicht einmal bewußt.

Daher suchen sie sich unbewußt immer Partner aus, die ihnen diese Nähe garantiert nicht geben können, die sich suchthaft verweigern. Sie fürchten nichts mehr, als zu sehr vereinnahmt zu werden, denn als Kind haben sie dies als äußerst unangenehm erfahren. Wir werden darauf im nächsten Kapitel noch ausführlich eingehen.

Spielen wir dieses Spiel mit der Angst vor Nähe mal an einem Beispiel durch. Ich nenne die weibliche Liebesabhängige hier „Lucy" und den männlichen Verweigerungsabhängigen „Viktor". (Oft sind die Rollen auf diese Weise besetzt, es gibt jedoch auch männliche „Lucys" und weibliche „Viktors".) Treffen die beiden aufeinander, verlieben sie sich meistens auf den ersten Blick. Auf jeden Fall ist eine starke Anziehung zwischen ihnen vorhanden, weil sie sich, oberflächlich betrachtet, genau mit dem versorgen können, was sie suchen. Doch das ist leider nur scheinbar so. Die Liebessüchtige sieht im Unnahbaren das Objekt ihrer Begierde und idealisiert ihn. Endlich ist der Held da, der Supermann, der Prinz, der mit dem gewissen Etwas. Dieses „gewisse Etwas" ist jedoch die Unnahbarkeit, die auf Lucy fatalerweise eine starke Faszination und Anziehungskraft ausübt.

Viktor, der nur scheinbar ein starkes Selbstbewußtsein hat, gefällt es zunächst, vergöttert zu werden, denn auf diese Weise fühlt er sich geliebt, und sein Ego wird enorm aufgewertet. Er mag daher die Rolle des unnahbaren Superhelden, durch die er an Bedeutung gewinnt und Aufmerksamkeit erhält. Es dauert jedoch nicht lange, da setzt Lucys Muster ein: Es reicht ihr nicht mehr, ihn im Stillen zu bewundern und auf seine Anrufe zu warten. Sie will ihren Geliebten öfter sehen und immer mehr Zeit mit ihm verbringen. Das jedoch kann und will Viktor nicht leisten, und er zieht sich daher langsam, aber sicher zurück. Andere Aktivitäten und Menschen scheinen ihm viel wichtiger zu sein als das Zusammensein mit Lucy. Die wiederum fühlt sich gekränkt, zurückgewiesen und frustriert. Statt das Weite zu suchen, beginnt sie noch mehr zu klammern, und je mehr sie fordert, desto eindeutiger wird seine Abfuhr.

Wird es Lucy schließlich zu bunt, weil ihr Stolz es ihr verbietet, ihm weiter hinterherzulaufen, versucht sie es mit einer Strategie: Sie meldet sich eine Woche lang nicht mehr – auch wenn es ihr schwer fällt. Zunächst ist Viktor das nur recht, denn er fühlt sich von ihrem Druck befreit. Doch nach ein paar Tagen wird ihm dieses Verhalten suspekt. Was ist geschehen? Wieso meldet sie sich nicht mehr? Ist da etwa ein anderer im Spiel? Ist sie gar dabei, sich zu „entlieben"? Diese Vorstellung beunruhigt ihn schon sehr. Zaghaft macht er einen Kontaktversuch, und zack ist Lucy wieder da! Sie hatte nur auf das kleinste Zeichen hinter verschlossenen Türen gelauert und die sich selbst auferlegte Distanz nicht etwa eingehalten, weil sie sich wirklich zurückziehen wollte, sondern aus rein strategischen Gründen heraus. Sofort stürzt sie sich wieder auf ihn mit Gebrüll.

„Er liebt mich, ich wußte es!" sagt sie sich nun und rennt begeistert und zielsicher auf den perplexen Viktor zu. Der wiederum, erschreckt und verwirrt, fühlt sich völlig überfahren, ergreift erneut die Flucht und versteckt sich vor zuviel Nähe und Forderungen, die er nicht erfüllen kann und will.

Auf diese Weise laufen die beiden hin und her, und wenn sie diesen Kreislauf nicht unterbrechen, dann treiben sie das Spielchen so lange weiter, bis es einem von beiden reicht. Meistens sind es die Lucys dieser Welt, die verlassen werden.

Sie heult in die Kissen, denn sie ist mal wieder verlassen worden, ohne zu verstehen, warum, und ohne das erlebt zu haben, wonach sie sich so sehr gesehnt hatte. Soweit die Beschreibung einer gar nicht so lustigen Liebesklamotte, die uns relativ bekannt vorkommt.

Betrachtet man die Ängste der beiden, dann wird ihr fast unlösbares Dilemma klar: Lucy leidet in ihrem Bewußtsein an großer Verlassensangst, während Viktor die Angst verspürt, zu sehr in Beschlag genommen zu werden. Unterbewußt sieht das erstaunlicherweise genau umgekehrt aus: Die Liebesabhängige hat hinter den Kulissen große Angst vor wirklicher Intimität, und der Verweigerungsabhängige verspürt nur scheinbar Abneigung vor Nähe, denn in seinem Unterbewußtsein sitzt erstaunlicherweise die große Angst davor, verlassen zu werden!!! So verschieden sind die beiden also gar nicht. Die Ängste sind die gleichen, sie befinden sich nur auf vertauschten Ebenen.

Daher also suchen sie sich gegenseitig! Aufgrund ihrer scheinbar gegensätzlichen Ängste ist sichergestellt, daß die beiden keine Gefahr für ihre tiefsitzende Ängste darstellen: Lucy hat in Viktor einen Mann gefunden, über dessen Unnahbarkeit sie zwar jammert, doch dafür kann sie sicher sein, daß er sie nie zu sehr bedrängen wird! Männer, die dies tun, scheut sie wie der Teufel das Weihwasser.

Viktor wiederum sucht sich Lucy aus, weil er sicher sein kann, daß sie ihn nie verlassen wird. Dazu ist sie viel zu abhängig von ihm, und er bleibt davor bewahrt, sich der Hölle des Auf-der-Strecke-Bleibens zu stellen. Netter Deal.

Man kann aus solch einem Teufelskreis wieder herausfinden. Doch man braucht die Erkenntnis dazu, daß man drin steckt, und die Einsicht, daß es nicht erstrebenswert ist, auf diese Weise weiterzumachen. Ansonsten gilt: Und wenn sie nicht gestorben sind, dann rennen sie noch heute – ein fataler Teufelskreis!

# 14 Das Drama des inneren Kindes

„Es gibt nichts Faszinierenderes als das Gefühl von rätselhafter Vertrautheit, wenn ein Mann und eine Frau zueinander finden, deren Verhaltensmuster zusammenpassen wie die Stücke eines Puzzles. Wenn der Mann der Frau noch dazu die Gelegenheit bietet, sich mit ihren kindlichen Gefühlen von Schmerz und Hilflosigkeit herumzuschlagen, der Erfahrung, ungeliebt und ungewollt zu sein, und sie hoffen läßt, die Oberhand darüber zu gewinnen – dann ist seine Anziehungskraft auf sie praktisch unwiderstehlich. Je mehr Schmerz wir in der Kindheit erlitten haben, desto stärker wird unser Verlangen als Erwachsene, diese Schmerzen wiederzubeleben und endlich zu überwinden."

*Robin Norwood*

Die Liebe, die wir suchen, ist für uns vor allem ein starkes Gefühl der Verbundenheit, des Einsseins und der Nestwärme – so denken wir. Wir halten Ausschau nach jemanden, bei dem wir ankommen und aus vollem Herzen sagen können: „Bei dir fühle ich mich zu Hause!" Letztlich sucht die zuneigungshungrige Frau jedoch, wie wir bereits gesehen haben, nicht wirklich nach Nähe, sondern paradoxerweise nach einem Mann, der sich ihr aus für sie unerklärlichen Gründen verweigert. Aber warum ist das so? Was genau steckt eigentlich dahinter?

Dazu müssen wir wissen, daß wir mit unserem Partner die allerersten Liebesbeziehungen unseres Lebens, die zu unseren Eltern oder zu unseren nächsten Bezugspersonen, redramatisieren.

Einige von uns haben leider weniger schöne Erinnerungen an ihre Kindheit, sei es, weil die Familie gestört war, Elternteile krank oder gewalttätig waren, starben oder die Familie verließen, es sexuelle Mißbräuche gab oder aufgrund sonstiger Zurückweisungen und Verletzungen. In einer funktionierenden Familie sind die Eltern für die Bedürfnisse der Kinder da. In einer gestörten Familie hingegen müssen die Kinder für die Bedürfnisse der Eltern herhalten. Wenn wir klein sind, brauchen wir das Gefühl, von unseren Eltern beschützt zu werden. Stimmt jedoch etwas mit dem Verhalten der Eltern nicht, was ein Kind instinktiv spürt, dann meint es, dieses in Ordnung bringen zu müssen, um zu überleben. Gewöhnlich bedeutet das für das Kind, sich selbst in der falschen Rolle zu erleben. Für viele von uns wurde dies zu einem Verhaltensmuster: Wir kümmern uns um unsere Eltern, um Liebe zu bekommen und nicht verletzt zu werden.

> „Ich wuchs in einer Familie auf, in der es nicht erlaubt war, Gefühle auszudrücken. Ich fühlte mich für das Wohlergehen der anderen um mich herum verantwortlich. Klein Ken lernte, in bezug auf bestimmte Dinge den Mund zu halten – oder zumindest vorsichtig mit ihnen umzugehen. Im Alter von etwa fünfzig Jahren, als ich wirklich an meinem persönlichen Wachstum arbeitete, lernte ich, daß ich mich für die Gefühle anderer Menschen nicht verantwortlich zu fühlen brauchte."
>
> *Ken Keyes*

Meist kommen Liebesabhängige aus solch dysfunktionalen Familien. Es geschieht leider viel zu häufig, daß Kinder nicht die Zuwendung und Wärme von Vater oder Mutter bekommen, die sie gebraucht hätten. Als Erwachsene sehnen sie sich verständlicherweise immer noch nach der Nähe, die sie entbehren mußten, und ihr Unterbewußtsein reagiert daher besonders stark auf Menschen, die sich emotional zugeknöpft geben, weil sie in diesem wesentlichen Punkt an unsere distanzierte Mutter oder unseren abwesenden Vater erinnern. Wer so geprägt ist, baut eine stärkere Beziehung zu den emotionalen Bedürfnissen anderer auf als zu den eigenen. Dieser Verlust der Beziehung zu uns selbst bildet die Basis für Liebesabhängigkeit.

Dazu kommt: Wir alle haben irgendwann, als wir klein waren, diverse traumatische Erfahrungen gemacht, die wir nicht verarbeiten beziehungsweise klären konnten, als sie geschahen. Entweder das Erlebte wurde nicht erklärt, oder wir waren zu klein, um es zu verstehen. Ganz einfach ausgedrückt: Es gab bei jedem von uns in der Kindheit mindestens *ein* traumatisches Erlebnis, mit dem wir beziehungsweise unser inneres Kind sich heute noch beschäftigt. Aus dem einfachen Grund, weil es nach Heilung schreit. Alte Verletzungen, die nicht aufgearbeitet sind, kommen dann wieder schmerzvoll an die Oberfläche, wenn ein Partner im Spiel ist, auf den die inneren Bilder projiziert werden können. Dann läuft man der Liebe entweder davon oder erduldet die reaktivierten Filme, ohne sich über deren Ursachen bewußt zu sein und ohne sie aktiv ändern zu können. Die Wunden aus der Kindheit mögen äußerlich geheilt sein – wir sind erwachsen und vernünftig geworden und haben unsere Position im Leben eingenommen. Doch innerlich sind sie noch da und abrufbar, wie an dem Tag, an dem sie entstanden.

Die gute Nachricht dabei: „Partnerschaft ist nun die beste Möglichkeit, mit diesen Wunden in Kontakt zu kommen und sie für immer zu heilen“, sagt Pierre Frankh.

Was macht unser „inneres Kind“? Es steuert uns mehr, als wir uns vorstellen können, und zwar gezielt in Richtung Mr. Herzensbrecher.

Es sorgt dabei detailgetreu dafür, daß dieser die gleichen „Qualitäten“ aufweist wie Papi, Mami oder wer auch immer der Verursacher war. Unser Vater war Alkoholiker? Wir verlieben uns in einen. Unsere Mutter war distanziert? Wir werden von distanzierten Menschen angezogen. Unser Vater hatte eine Geliebte? Wir werden Geliebte eines verheirateten Mannes, denn wir wollen unbewußt den Vater immer noch ganz für uns haben, und die Dreiecksbeziehung bietet sich an, um ungelöste ödipale Verstrickungen auferstehen zu lassen.

> „Maureen erinnert sich, daß sie als kleines Mädchen dachte, wenn die Mutter zuversichtlicher und fröhlicher wäre, würde sich der Vater beruhigen, nicht mehr fortlaufen und mehr zu Hause bleiben. Und sie erinnerte sich daran, daß sie immer überzeugt war, daß sie ihn zufriedener und liebevoller machen könnte, wenn sie anstelle der Mutter mit ihm verheiratet wäre.“
>
> *Dr. Howard M. Halpern*

So wird Maureen sich also einen Partner suchen, der in wesentlichen Punkten ihrem Vater gleicht, und versuchen, ihrem Traumprinzen die fröhliche, zuversichtliche Partnerin vorzuspielen, die ihre Mutter ihrem Vater nicht war. Und sie wird nicht begreifen, warum sich dennoch das frühkindliche Drama des Verlassenwerdens mit diesem Mann ebenso wiederholt wie schon mit vielen anderen vor ihm.

Carmen: „Mein Muster mit Männern scheint zu sein: grundlose, unverständliche Zurückweisungen, wie in meiner Kindheit. Willkürlich erscheinender Wechsel von Nähe und Distanz. Es wiederholt sich aus dem offenbar riesigen Bedürfnis heraus, endlich herauszufinden, was ich denn bloß falsch mache – und vor allem natürlich: Wie kann ich es denn richtig machen? –, daß ich nach gerade noch herzlicher Nähe plötzlich so barsch ‚weggekickt‘ werde. Ich will verstehen! Ein uraltes Motiv, das diese Wiederholungen auslöst und mich gerade immer noch nicht verstehen läßt: Bin ich eigentlich wertvoll (Nähe → Lebensfreude) oder wertlos (Distanz → Depression)? Wobei dies eine Henne-und-Ei-Frage ist: Erlebe ich Nähe und Distanz wie Ebbe und Flut, weil mein eigenes Selbstwertgefühl schwankt? Oder schwankt mein Selbstwertgefühl von klein auf, weil ich die Gründe für Nähe und Distanz nie herausfinden konnte?"

Es liegt auf der Hand, daß Frauen wie Carmen ihr Selbstwertgefühl und ihre Lebensfreude von anderen abhängig machen. So sehr, daß der positive oder negative Verlauf der Beziehung über den Verlauf ihres Lebens bestimmt. Sie tragen in sich keine innere Sicherheit, daß sie es zutiefst wert sind, geliebt zu werden. Sie sind sich dessen eher unsicher und suchen sich Männer, die diese Unsicherheit durch ihr wechselhaftes und distanziertes Verhalten verstärken. Carmen ist nicht in der Lage, sich von einem Partner, der sie dermaßen verunsichert, zu trennen, weil ihre eigene Unsicherheit: „Bin ich es eigentlich wert geliebt zu werden?“ durch Zurückweisungen aus Kindertagen noch so lebendig in ihr ist.

Es liegt nahe, warum wir uns all diese Doppelgänger aussuchen: Weil wir dann nämlich die ganze Geschichte, das Drama des Kindes, wieder lebendig werden lassen können. Es soll ans Licht kommen oder besser: ins Licht, um unser Leid zu heilen und aufzulösen. Unser Kind will nichts sehnlicher als gesehen, verstanden und getröstet werden. Und zwar nicht von „irgend jemandem“, nein, es soll eine Art Stellvertreter sein, der unserem Elternteil zum Verwechseln ähnlich ist, was sein Verhalten in dieser bestimmten Sache angeht.

Ein Beispiel: Ein kleines Mädchen hört von seiner Mutter immer wieder den Satz: „Du bist anders als die anderen. Du bist dick, du bist dumm, du bist seltsam und ein häßliches Entlein!" Wird dieses Mädchen wohl als Erwachsene mit liebenden Augen in den Spiegel sehen und sich vor aufrichtigen Komplimenten kaum retten können? In ihr tobt die quälende Frage: Warum kannst du – Mami – mich nicht lieben?" Und genau dieselbe Frage stellt sie sich, wenn ihr unnahbarer Geliebter sich als Beziehungsflüchtling erweist.

Oder: Eine Dreijährige wacht nachts auf, Mami ist nicht da, sie ist ausgegangen. Das Kind steht stundenlang nachts allein auf dem Balkon, weint, schreit, wartet, friert und ruft: „Mami, Mami, komm zu mir zurück!!!" Das allein kann bereits die Geburtsstunde einer späteren Liebessucht sein, bei der sich die erwachsene Frau Männer aussucht, denen sie den Satz: „Komm zu mir zurück!" oder „Warum hast du mich verlassen?" an den Kopf werfen kann.

Nur leider funktioniert es nicht so, wie die Kleine in uns sich das vorstellt: Statt erlösender Antworten muß sie jedes Mal nur aufs neue erfahren, daß sich ihre Erfahrungen aus der Kindheit ständig wiederholen. Egal welchen Kandidaten sie auch ausquetscht: Er ist mit ihrer Fragerei hoffnungslos überfordert und streut höchstens noch Salz in die Wunden, statt sie zu heilen.

Wen wundert's? Ihr inneres Kind hat sich nämlich jemanden ausgesucht, der weder Antworten auf die brennenden Fragen geben *kann*, noch die Fähigkeit besitzt, ein Gefühl der emotionalen Sicherheit und Geborgenheit zu vermitteln. Wie auch? Auch seine Kindheit war nicht gerade immer prickelnd.

Der überforderte und überraschte Mann wird im Regelfall also nichts weiter sagen oder tun können, um das Drama des inneren Kindes aufzulösen. Sehr wahrscheinlich wurde er nicht nur einmal in der

Damenwelt mit diesen Fragen konfrontiert und reagiert entsprechend allergisch und ratlos mit Rückzug, was die Herzdame erneut in große Traurigkeit stürzt.

Im Gegenteil, statt uns Trost und Erklärung zu geben, wird der Partner als Spiegel bestimmter Anteile in uns immer wieder den „Müll“ in uns hervorkitzeln, den wir eigentlich loswerden wollten. Durch seine Schwächen und sein unbefriedigendes Verhalten werden wir uns wiederum auf eine Art und Weise benehmen, die weder er noch wir an uns schätzen können. Er dient als „rotes Tuch“, um eigene Abgründe bewußt zu machen. Leider wissen wir in den meisten Fällen nicht, wie wir damit umgehen sollen, und verlieren uns dann eher in Ratschlägen an ihn, wie er zu sein habe und was er an sich verbessern kann oder soll. Dabei geht es weniger um den Mann – es geht um das Problem, das frau mit *ihm* (oder einem anderen) hat. Der Mann ist nur der Auslöser. Die Ursachen der Probleme, die der Kontakt mit ihm mit sich bringt, liegen in der Liebessüchtigen selbst.

> „Nicht jeder ist als Kind schlecht behandelt oder mißbraucht worden. Niemand kennt die genaue Zahl der Menschen, die mit einem gesunden Maß an Liebe, Fürsorge und Anleitung großgeworden sind. Ich schätze, daß es ungefähr 5 bis 20 Prozent sind. Das bedeutet, daß 80 bis 95 Prozent der Menschen auf das notwendige Maß an Liebe, Fürsorge und Anleitung verzichten mußten, so daß sie als Erwachsene nicht in der Lage sind, beständige, gesunde Beziehungen zu pflegen und mit sich und dem, was sie tun, zufrieden zu sein.“
>
> *Dr. Charles Whitfield*

Wenn wir alle auf die eine oder andere Art traumatische Erlebnisse hatten, macht das uns dann nicht alle zu liebesbedürftigen Opfern fehlender Zuneigung und Bestätigung? Da ich keine Psychologin bin, überlasse ich dieses sensible Thema lieber Menschen, die sich damit auskennen. Mein Buchtip dazu lautet: *Aussöhnung mit dem inneren Kind* von John Bradshaw und Erika Chopich. Jedenfalls denke ich, daß es auf die Intensität und Häufigkeit des Erlebten ankommt. War Mißbrauch in irgendeiner Form im Spiel, kann man ganz sicher davon ausgehen, ein zutiefst verletztes Kind in sich zu haben, das verzweifelt nach Gehörtwerden und Heilung schreit. Ich möchte dir lediglich vor Augen halten, daß das Kind, das du einmal warst, dieses Trauma wiederholt, weil es die schmerzvolle Erfahrung zu Recht überwinden möchte.

Was für ein Kuddelmuddel! Und da soll noch einer eine glückliche Beziehung hinkriegen. Noch mal zum Mitschreiben: Der auserwählte Partner *kann* uns nicht retten! Nicht, weil er nicht will. Er ist weder der Papa noch die Mama noch ein Psychologe. (Es sei denn, er ist doch einer oder er ist spirituell so weit fortgeschritten, daß er die entsprechende Weisheit und das Handwerkzeug hat, uns auf die richtige Fährte zu führen). Er hat auf diesem Gebiet kein Talent, und die dunklen Momente unserer Kindheit zu erhellen ist auch überhaupt nicht *seine* Aufgabe. Dafür kann man sich entweder psychologischen oder spirituellen Beistand holen. Der ist sogar bitter nötig. Erst wenn wir aufhören, am falschen Baum zu bellen, haben wir eine Chance auf Heilung. Und wo bitte ist der „richtige Baum“? – In dir selbst. Du bist die Person, auf die du immer gewartet hast!!!

Auch wenn das dem ersten Anschein nach nicht gerade nach Ermutigung klingen mag, du kannst dir selbstbewußt sagen: „Ich bin jetzt eine erwachsene Frau, die Verantwortung übernehmen kann, und ich nehme mein inneres Kind sicher an die Hand. Ich bin für uns beide da. Die Vergangenheit ist vorbei und vor mir/uns liegt eine neue Zukunft!“

> „Probleme kann man niemals mit derselben Denkweise lösen, durch die sie entstanden sind. – Mehr als die Vergangenheit interessiert mich die Zukunft, denn in ihr gedenke ich zu leben.“
>
> *Albert Einstein*

Die Auflösung, warum wir uns immer wieder aufs neue unglücklich in den „Falschen“ verlieben, lautet also: Der Mann unseres Herzens bedient unsere Kindheitsdramen. *Daher* fühlt man sich beim anderen wie zu Hause. Wir hoffen darauf, daß *er* endlich etwas auflöst und uns damit erlöst. Doch wir müssen uns da meistens ohne seine Hilfe herausholen, denn mit unserer stillschweigenden Anklage verunsichern wir ihn nur. Er ist mit unseren Verletzungen und unserer Traurigkeit mehr als überfordert.

Selbst wenn wir den oder die Verursacher unseres Traumas auf die Klärung unseres Kummers ansprechen würden, bekämen wir wohl keine Antwort, die endlich Licht ins Dunkel bringen könnte. Spätestens seit es Familienaufstellungen gibt, wissen wir: Auch unsere Eltern leiden und litten unter Verstrickungen, die sie von den Generationen vor ihnen übernommen und unreflektiert an uns weitergegeben haben – wie eine ansteckende Krankheit. Wie bitteschön sollen sie uns weiterhelfen, wenn sie sich noch nicht einmal ihres eigenen Verhaltens beziehungsweise traumatischen Musters bewußt sind?

Doch zum Glück sind wir jetzt „groß“ und keine Opfer mehr. Trotz des Erlebten sind wir in der Lage, das verletzte Kind in uns liebevoll in den Arm und an die Hand zu nehmen. Wir können uns jetzt selbst zu erklären versuchen, wozu Mama und Papa nicht in der Lage waren. Auch wenn wir die Antworten vielleicht lieber von unseren Eltern gehört hätten: Jetzt sind wir an der Reihe und selbst in der Lage, uns Halt und Erklärung zu geben – auch wenn es enttäuschend ist, daß die ersehnten Antworten in den meisten Fällen nicht von ihnen kommen.

Solange wir das nicht tun, kann eine Beziehung ein zu heißes Feuer für uns sein, an dem wir uns nur ständig die Finger verbrennen, da wir in jedem Partner unterbewußt den Erlöser suchen. Und das geht auf die Dauer schief.

Sollen wir also ganz die Finger von Beziehungen lassen und erst mal in „Liebeskur" gehen? Ich glaube, die Antwort lautet nein – auch wenn ich eine Kureinrichtung für Liebeskummer für eine geniale Idee halte. Ich glaube nicht an ein „erstens, zweitens" aus dem Lehrbuch. Wir können nicht immer alles planen und vorher bewältigen, sprich: uns unabhängig von den Herausforderungen einer Partnerschaft schulen und dann mit dieser neuen Sichtweise den „richtigen" Partner wählen. Das Leben ist nicht so. Wir bestimmen ja auch nicht bewußt den Zeitpunkt, in dem wir uns verlieben. Es geschieht einfach, es passiert uns einfach.

Doch wir können die Zeit, in der wir ohne Partner sind, als Geschenk für unsere Heilung nutzen, statt mit hängender Zunge krampfhaft nach Mr. Right zu suchen. Erstens kommt auf diese Weise sowieso kein liebevoller Mann in unser Leben, und zweitens ist mit solch einer bedürftigen Einstellung zum anderen (oder gleichen) Geschlecht bereits die nächste unglückliche Geschichte vorprogrammiert. Ist eine Frau gewillt, an sich zu arbeiten, und erkennt sie die Themen hinter ihrem Traumprinzen mit Hindernissen, ist dies schon mal der erste wichtige Schritt zur Besserung und damit die halbe

Miete. Um eine andere Partnerwahl treffen zu können, muß sie sich erst einer regelrechten Metamorphose stellen. Es wäre vertane Zeit, wie in einer Art Liebeslotterie auf den „Richtigen" zu warten. Sie würde so lange das gleiche Los ziehen, wie sie sich mit spezifischen Themen nicht auseinandersetzt, vor allem damit, liebessüchtig zu sein. Denk einmal darüber nach, welche Rolle du in deiner Familie gespielt hast: Warst du die Retterin? Das Opfer? Das schwarze Schaf? Die Prinzessin? Das einsame Einzelkind?

Tritt ein Mensch in dein Leben, der durch irgend etwas in seinem Verhalten die wunden Punkte aus deiner Kindheit berührt, so wird dadurch dein entsprechendes Programm aktiviert, das gespeicherte Verhaltensmuster abspult, die den Verlauf deiner Beziehung bestimmen. Unter diesem Aspekt stellt also jeder neue Partner eine Herausforderung dar, an unseren inneren Mustern zu arbeiten.

Wenn wir unser Singledasein nicht als Fluch, sondern als Chance sehen, uns in punkto Selbstwert und Selbstachtung zu stärken, und bereit sind, an unseren eingefahrenen Gewohnheiten, die uns davon abhalten, harmonisch mit uns selbst und einem Partner zu leben, zu arbeiten, dann kann diese Auszeit ein guter Start in Richtung dauerhaftes Erleben einer glücklichen Liebe sein. Aller Anfang einer solchen Liebesbeziehung ist die aufrichtige Liebe zu uns und unserem Leben!

# Teil III

# Transformation

# 15 Lebe dein inneres Feuer!

Als Mütter tun wir unseren Kindern keinen Gefallen damit, wenn wir auf das verzichten, was wir als großen Herzenswunsch in uns tragen. Im Gegenteil: Wenn wir unseren Weg nicht gehen, dann können unsere Kinder ihren Weg auch nicht gehen. Und die Traurigkeit über das nicht gelebte Leben wird dann automatisch auf unsere Kinder übertragen.

Du bist mit einer großen Gabe auf diesen Planeten gekommen, die gleichzeitig auch eine Verantwortung ist: die Verantwortung, dich selbst zu einem glücklichen Menschen zu machen, der seine Anlagen und Talente tatsächlich würdigt und entfaltet. Würdest du diese Fähigkeiten mit Genuß ausleben, würden sie dich zutiefst beglücken, und dies würde ganz automatisch auch zum Glück anderer beitragen. Der erste Schritt, damit dies geschehen kann, besteht darin zu entdecken und zu erwecken, was bereits in dir steckt.

Was ist dein Herzenswunsch? (Mal abgesehen von dem, mit einem bestimmten Menschen zusammen zu sein.) Was weckt dein inneres Feuer? Nur die glühende Liebe zu einem Mann? Wofür interessierst du dich brennend? Dieses Brennen ist ein Wegweiser zu deinen wahren Talenten.

Was liebst du in deinem Leben? Was bringt dich auf Trab und läßt dich morgens begeistert aus dem Bett springen? Was ist deine Leidenschaft? Und zwar die, die keine Leiden schafft? Warum bist du hier? Was ist dein Weg?

Stellst du dir diese Fragen manchmal? Oft? Selten? Nie?

Wenn du noch nicht einmal die Zeit findest, Antworten auf diese Fragen zu suchen, ist dies ein Spiegel dessen, wie stiefmütterlich du mit dir selbst umgehst. Dann brauchst du dich auch nicht zu wundern, warum dein Auserkorener nicht damit beschäftigt ist, dich glücklich zu machen. Du weißt ja gar nicht, was du willst! Und was dir gut täte! Du weißt es vielleicht schon, doch du beachtest diese Bedürfnisse nicht. Wie soll dein Herzensmann sie dann erkennen?

Noch einmal: Wenn du nicht liebevoll und fürsorglich mit dir umgehst, wie sollen es dann die anderen tun können? Du solltest anfangen herauszufinden, was du gern erleben möchtest, und es wahr machen, statt dich mit dem aufzuhalten, was deinem Partner fehlt. Du hast alle Macht der Welt, dein Leben zu verändern, aber keinerlei Macht, jemand anderen zu ändern. Seine Veränderung kann nur über deine eigene geschehen. Das ist das Dominoprinzip des Lebens. Veränderung geschieht von mir zu dir. Alles ist miteinander verbunden.

Wenn du von deinem Leben begeistert bist, findest du gar keine Zeit mehr, einem vermeintlichen Supermann hinterherzurennen. Dann wirst du weder einen Gedanken daran verschwenden, was er gerade macht, noch Energie dafür einsetzen, ihm zu gefallen oder ihn zu erobern. Versprochen!

Voraussetzung dafür ist jedoch, daß du damit anfängst, es dir gutgehen zu lassen. Fang damit an. Heute noch! Nimm dir Zeit und frage dich, was du unbedingt erleben möchtest. Schreibe dir deine großen und kleinen Wünsche auf. Mach dir glasklar, wonach deine Seele hungert. Entwickle eine klare Vision und richte deine Wunschkraft darauf. Wie du das machst, ist dir überlassen. (Bärbel Mohrs *Bestellungen beim Universum* sind ein hilfreicher Anfang, um das Bestellen oder klare Visualisieren deiner Wünsche zu üben.)

Als Nebeneffekt garantiere ich dir, daß sich der Spieß umdrehen wird. Solange du deine Aufmerksamkeit nicht auf dich richtest, wird und kann dein Partner oder Herzenskandidat dies auch nicht tun. Zentrierst du dich jedoch und beginnst damit, dich und deine Bedürfnisse (nicht deine Bedürftigkeit!) in den Vordergrund zu stellen, wird auch der Mann deines Herzens darauf reagieren. Das hat etwas von einem Magneten, einer anziehenden Kraft, die die Energie dorthin strömen läßt, wo sie hin soll. Du kannst einen wahrhaftigen Gefährten in dein Leben ziehen, der deinen Wunschvorstellungen entspricht und mit dem du etwas vollkommen Neues erleben wirst: Liebe, die beidseitig stark ist, Geborgenheit, Unterstützung, Erotik, Zärtlichkeit, Einheit, Respekt und Verständnis. Sei selbst die Veränderung, die du in deinem Leben zu sehen wünschst, würde Gandhi dazu sagen.

## Wo sind die tollen Männer? – Da, wo die tollen Frauen sind!

Du bist eine tolle Frau. Ganz bestimmt! Weißt du das? Glaubst du das tatsächlich? Die Tatsache, daß kluge, attraktive, interessante, starke und wundervolle Frauen sich im Extremfall wie der letzte Dreck behandeln lassen, läßt da berechtigte Zweifel aufkommen. Wenn du tatsächlich fühlst, glaubst und erlebst, wie kostbar dein Leben ist, läßt du es nicht mehr zu, daß jemand dieses Juwel, nämlich dich, mit Füßen tritt.

Stell dir einmal einen Raum vor, in dem es eine Ecke gibt, in der deine Herzenswünsche versteckt beziehungsweise begraben liegen. In diesem Raum befinden sich auch die Anliegen aller Menschen deiner Umgebung. Eigentlich rufen deine Wünsche wie Kinder nach dir, mit dem großen Bedürfnis, daß du sie wahrnimmst, liebevoll umarmst, fütterst, hegst und pflegst. Was machst du aber? Du schenkst ihnen keine Aufmerksamkeit, hörst sie noch nicht einmal, weil du viel zu sehr damit beschäftigt bist, dich um all die Wünsche deiner Mitmenschen zu kümmern. Ab und zu vernimmst du ein Stimmchen in deinem Inneren, das verzweifelt versucht, sich Gehör bei dir zu schaffen. Und was machst du? Entweder ignorierst du es weiter, oder du tadelst es, es solle Ruhe geben, und vertröstest es auf später. Was für eine Rabenmutter! Auf diese Art und Weise vernachlässigst und ignorierst du deine angeborenen Talente vollkommen. Bis du schließlich irgendwann krank, frustriert und traurig darüber wirst, daß dir dein Leben so leer und bedeutungslos vorkommt.

Siehst du jetzt, daß *du* es bist, die damit anfangen sollte, sich für dein Glück einzusetzen? Und zwar mit voller Energie, nicht nur „ein bißchen". Gestehe dir große Geschenke in deinem Leben zu, statt es dir nur immer „ein bißchen" besser gehen zu lassen. Ansonsten wirst du nämlich auch nur „ein bißchen" geliebt. Und das hattest du ja bereits zur Genüge. Oder ist dies bisher etwa nicht deine frustrierende Erfahrung gewesen? Du machst und tust für andere immer alles und bekommst dafür nur „ein bißchen" zurück.

Bitte versteh mich richtig. Es geht nicht darum, „egoistisch" zu werden. Liebessüchtige Frauen haben nicht gerade das Problem, daß sie die geborenen Egoisten sind. Sie haben die Tendenz, sich in der Aktivität für andere zu verlieren. Bring deinen Einsatz für dich und andere ins Gleichgewicht!

Egoistisch zu sein und sich zu lieben sind zwei völlig verschiedene Paar Schuhe. Der eine ist eng und drückt, der andere ist weit und bequem. Ein Mensch verhält sich egoistisch, weil er sich nicht liebt und für minderwertig hält.

Noch einmal: Liebe ist das einzige, das mehr wird, je mehr man davon gibt. Aber nicht nur den anderen: auch und besonders sich selbst. Warum sonst heißt es im Christentum: „Liebe deinen Nächsten wie dich selbst." Das ist doch eine ganz klare Ansage! Dieser Satz bezieht sich auf die Selbstliebe. Doch leider wird dieser weise Hinweis häufig mißverstanden im Sinne von: Du mußt dich um deinen Nächsten kümmern und seinen Wert höher setzen als deinen. Die Selbstliebe, zu der dieses Gebot auffordert, wird also ins Gegenteil verkehrt, denn frau denkt, sich selbst zu lieben, sei egoistisch und stehe ihr nicht zu. Doch es heißt hier nicht: „Kümmere dich erst um den Rest der Welt, und wenn du damit fertig bist, fang an, dich um deine Bedürfnisse zu kümmern." Es geht auch nicht darum, gar nichts mehr für andere zu tun. Dreh die Reihenfolge deines Einsatzes einfach mal um, und es werden Zeichen und Wunder geschehen.

Mein Lieblingssatz zu diesem Thema ist: Mein Glück ist das Glück der anderen. Dein Einsatz für *dein* Glück macht auch automatisch deine Umgebung glücklich. Kinder von zufriedenen und glücklichen Eltern können selbst auch glücklich sein.

Natürlich ist es auch umgekehrt so, daß deine Aktivität für die anderen dich zutiefst beglücken kann. Und du setzt mit Sicherheit positive Ursachen, die positive Wirkungen nach sich ziehen. Aber nur, wenn du es von ganzem Herzen tust und nicht allzu altruistisch auf deine eigenen Bedürfnisse verzichtest. Ist dieser Verzicht eine bewußte Wahl, weil du dadurch total erfüllt bist, ist dies natürlich etwas anderes. Doch in den meisten Fällen kümmern sich Frauen um die Probleme ihrer Männer, um von ihren eigenen abzulenken. Es gibt ihnen für kurze Zeit ein erhabenes Gefühl, wenn sie die Probleme ihres Partners analysieren können, wenn sie versuchen, ihm Mut zu machen, oder wenn sie ihm sagen, was er machen soll. Ob er es tun wird, ist die große Frage. Und lösen kannst du seine Probleme für ihn auch nicht. Das ist nicht dein Job.

Noch mal, deine Aufgabe ist es, dich um dich selbst zu kümmern, eine große Pizza für dich zu backen. Wenn du sie auf dem Blech hast, kannst du auch allen in deiner Umgebung ein Stück davon abgeben. Wenn du allerdings selbst immer hungrig bist, weil du gar keine Pizza auf deinem Teller hast, wie willst du dann anderen etwas davon abgeben? Von nichts kommt nichts! Und aus einer Opferhaltung in Beziehungen kann nichts Authentisches entstehen.

Wenn du dich vollkommen an einen Mann anpaßt, dir Mühe gibst, so zu sein, wie dein Partner dich haben will, dann bist du nicht mehr die, die du warst, als er sich in dich verliebt hat. Darüber hinaus ist solch ein Ringen um Beifall erniedrigend.

Bist du bereit, aus dieser Opferhaltung auszusteigen? Dann entscheide dich endlich für dich. Damit wirst du zu einem unwiderstehlichen Magneten für deine Umgebung. Authentizität und Lebensfreude zieht Menschen an. Auch Männer!

Wie kannst du damit anfangen, dich dir zuzuwenden? Du kannst mit einfachen Schritten beginnen:

- Nimm dir Zeit für dich! Triff verbindliche Verabredungen mit dir!
- Übe dich darin, dir jeden Tag aufs neue eine Freude zu machen!
- Lehne dich ohne schlechtes Gewissen zurück und gib falsch verstandene Verantwortung auch mal an andere ab!
- Tu, was du willst, wenn dir danach ist!
- Gib dir die Erlaubnis, dein Leben zu genießen! Behandle dich wie deine beste Freundin!
- Entdecke deine verschütteten Leidenschaften oder Hobbys und lebe sie!

Mit der Zeit wird es normal für dich werden, gut zu dir zu sein. Dann wirst du dir immer mehr zugestehen, deinen Blick für deine Wünsche weit machen und damit anfangen, sie zu erfüllen. Du kommst aus deiner „Ein-bißchen-Haltung“ heraus und beginnst damit, „GROSS und WEIT“ zu denken.

# 16 Die Sache mit dem Selbstwert

## *Der kritische Zwilling*

„...Wenn wir nun aber endlich erkennen, daß wir so, wie wir sind, liebenswert sind und auch schon immer waren, werden alle anderen gezwungen sein, das ebenfalls in uns zu sehen."

*Pierre Frankh*

Selbstwert ist der Eindruck von Wert, den man von sich selbst hat. Wieviel bedeutest du dir selbst? Achtest du dich? Und inwieweit lebst du in Übereinstimmung mit diesem Selbstwert?

Caroline, eine typische Liebessüchtige, sagt: „Ich kann Selbstwert kaum aus mir selbst heraus empfinden. Ich finde mich zum Beispiel meist nur schön, wenn er mich begehrt! Das ist das, was er mir gibt oder zumindest bei unserem Zusammensein oft gegeben hat: Bewunderung, wie toll ich in jeder Hinsicht sei, und nur ihm glaub ich das so richtig! Das macht süchtig und läßt mich milde über so vieles andere, was fehlt, hinwegsehen."

Wenn du liebessüchtig bist, leidest du an schwachem Selbstwertgefühl, ganz klar. Da du deinen eigenen Wert nicht oder nur teilweise erkennst, willst du etwas von dem Kuchen abhaben, den du im anderen zu sehen glaubst. Dabei spiegeln sich in deinem Angebeteten nur deine eigene Schönheit, dein Charme, dein Wert, deine Tiefe und deine Liebenswürdigkeit!

Erst wenn du selbst deine Qualitäten entdeckst, ziehst du Partner an, die dich entsprechend würdigen. Das ist die besagte Spiegelfunktion im Universum. In dem Maße, wie du dich selbst achtest, wird dir auch Achtung entgegengebracht. Falls nicht, wirst du dich genügend selbst respektieren und lieben, um gegebenenfalls einen Mann, der dich mißachtet und verletzt, zu verlassen.

Doch irgendwie scheint eine liebevolle Beziehung zu sich selbst bei den meisten Frauen nicht so hoch im Kurs zu stehen. Wenn eine Wunscherfüllungsfee sie wählen ließe zwischen einem Selbstwertgefühl, das mit jedem Tag wächst, und einem schwer zu haltenden Mann, der sie ab und an mit Komplimenten aufzuwerten scheint – welches Geschenk würde sie wohl vorziehen? Klar, sie will beachtet und geschätzt werden. Also sucht sie sich einen Charmeur aus, der dies phasenweise tut – um sie dann wieder auf eine Weise zu behandeln, die ihrer unwürdig ist.

Dabei ist es doch wirklich grundlegend für jede Beziehung, daß man sich selbst nicht nur mag, sondern liebt. Sich respektiert, hegt und pflegt, sich die Wünsche von den Augen abliest, während man begeistert in den Spiegel schaut und sich Mut und gute Laune für den neuen Tag zuspricht. Was ist daran so schwierig? Warum erscheint es uns so befremdlich oder aufgesetzt? Weil wir es nirgendwo gelernt haben. Zumindest nicht gründlich genug. Und weil wir wollen, daß diese Wertschätzung von außen kommt – von einem Helden, den wir als würdige Jury betrachten. Nur seine Einschätzung gilt. Nicht das, was wir uns mühselig vor einem Spiegel herbeireden müssen.

Frauen sind wunderbare, gefühlvolle Wesen. Wir sind in der Regel schöner, spiritueller und oft auch sensibler als unsere männlichen Gegenüber. Und trotzdem rutschen wir auf Knien, laufen hechelnd hinter Mr. Superverklemmt her und werfen uns hingebungsvoll jedem an den Hals, der uns ausnutzen will. Wie lange noch? Was muß noch geschehen, damit ... Warum verzichten wir auf unsere wesentlichen Bedürfnisse?

„Das Leben ist der wertvollste Schatz überhaupt. Selbst ein einziger Lebenstag ist mehr wert als zehn Millionen Ryo Gold.“

*Nichiren Daishonin*

Jenny erzählt: „Er heißt Julian und ist ein trockener Alkoholiker. Er ist faszinierend für mich, und ich fühle mich sehr verbunden mit ihm. Doch wie immer gibt es ein Problem: Ich möchte mehr als Freundschaft. Er erwidert meine Gefühle jedoch nicht. Immer das gleiche Lied! Julian ist beziehungsgestört. Er hatte noch nie eine längere Beziehung, und während seiner Drogenkarriere hat er mit rund 200 Frauen geschlafen!

Er hat mir eine klare Absage erteilt. Mein Fehler war, daß ich mich ihm aufgedrängt habe, obwohl er mich gar nicht bei sich haben wollte. Zur Krönung legte ich mich auch noch nackt zu ihm ins Bett und hoffte, er würde schwach werden. Wurde er aber nicht, denn wie attraktiv ist bitteschön eine Frau, die denkt: ‚Bitte, faß mich an, bitte laß mich bei dir bleiben, bitte schlaf mit mir! Warum begehrst du mich nicht?’ Julian blieb absolut cool und sagte klar und deutlich, daß mein plumper Annäherungsversuch für ihn hart an der Grenze sei, denn er wolle nun mal keine Beziehung mit mir beginnen. Ich war stinksauer, denn Julian hatte mich abgewiesen und meinen Stolz verletzt.

Natürlich war es alles andere als schön, was Julian da von sich gab, doch die Ursache lag wohl bei mir. Wenn es um die Kerle geht, verkaufe ich mich unter meinem Wert, oder etwa nicht?“

Natürlich tut sie das! Schließlich behandelt sie Männer wie Popstars oder Prinzen. Das Problem dabei ist, daß sie ihren eigenen Wert nicht erkennen kann, wenn sie ihn immer nur in anderen sucht. Sie tut so, als sei sie Aschenputtel, und findet sich mit den Krümeln ab, die man ihr hinwirft. Wie sollte er sie auch wertschätzen können, wenn sie sich so klein macht? Solch ein Verhalten schreit ja förmlich nach Verletzung!

Nehmen wir den Fall von Alex. Sie ist seit neun Jahren verheiratet. Über die Hälfte der Zeit davon unglücklich, denn ihr Mann Thomas gibt ihr nur einen Bruchteil dessen, wonach sie sich sehnt. Sie hat mit ihm einen kleinen Sohn. Thomas wollte keine Familie. Er war mit seiner Vaterrolle überfordert und davor auf der Flucht.

Alex nahm es hin, hoffte aber, alles würde besser werden, wenn erst das Baby da wäre. Thomas freute sich zwar auch, aber ein Kind war eigentlich nicht sein Ziel gewesen. Er nahm seine Verantwortung schließlich mit großen inneren Bedenken an. Dennoch, die Familie, die Alex sich wünschte, blieb ein Wunschtraum. Sie tat alles dafür, richtete ein liebevolles Zuhause ein, war extrem kreativ, zauberte mit ihrer warmen und sozialen Ader immer wieder eine besondere Atmosphäre. Trotzdem blieb Thomas distanzierter Beobachter, lief wie ein Gast mit Dauerausweis durchs Haus. Er hatte sich verirrt, war von der Fahrbahn abgekommen und fand die Ausfahrt nicht mehr. Er widmete sich ganz und gar seinem Job, und wenn er etwas unternahm, dann meistens allein.

So lebte Alex vor sich hin, wartend, hoffend, dienend, immer öfter weinend. Dann, eines Tages, platzt die Bombe. Statt der großen Liebeserklärung der große Schock: Thomas verliebt sich in seine Traumfrau! Er kann also doch lieben! Nur eben nicht sie, nicht auf die Art, die sie sich wünscht. Er verheimlicht Alex seine Liebschaft. Als die Wahrheit auffliegt, verspricht er, die Geschichte zu beenden und bei Alex zu bleiben, auch wenn er sie nur platonisch liebe.

Doch die Gefühle für seine Traumfrau sind zu stark, um sie zu vergessen, und obwohl Alex dies nicht nur ahnt, sondern in ihrem Innersten weiß und sie Thomas immer wieder konkret darauf anspricht, beläßt sie es bei leeren Drohungen. Sie kann ihm einfach nicht die Koffer vor die Tür stellen – die Angst, ihn zu verlieren, ist zu groß. Statt dessen klammert sie und hofft immer weiter darauf, daß er sich ganz für sie entscheidet, überschüttet ihn mit Liebeserklärungen und Erwartungen.

Thomas bleibt distanziert, trennt sich aber nicht. Er will Alex auf keinen Fall verletzten, seinem Sohn eine Scheidung ersparen, hat Angst vor der Veränderung und dem Verlust der Familie, die für alle unweigerlich kommen würde, wenn er dem Ruf seines Herzens folgen würde. Innerlich hin- und hergerissen, zieht er sich immer weiter zurück, und obwohl die Situation für Alex unzumutbar wird, kann auch sie sich nicht trennen. Sie nimmt alle Zurückweisungen hin und verirrt sich in einer illusionären Hoffnung von einem Neuanfang.

Hätte Alex mehr Vertrauen zu sich und ein höheres Selbstwertgefühl, würde sie ihren Mann in die Wüste schicken. Doch es bleibt bei verbalen Drohungen. Verlassen zu werden – das kennt sie aus ihrer Kindheit und vorherigen Beziehungen. Jemanden zu verlassen, auch wenn er es verdient hätte – das bringt sie nicht fertig, selbst wenn ihre Ehe nur noch auf dem Papier besteht. Lieber wartet sie, bis er es tut oder es einfach keinen anderen Ausweg mehr gibt.

Während sie also die quälende Kaugummisituation weiter erträgt, spult sie Sätze ab, an deren Inhalt sie schon seit Kindertagen gewöhnt ist: „Du liebst mich nicht! Keiner liebt mich! Wieso tust du mir das an? Womit hab ich das verdient?" Die vielen Zurückweisungen haben sie so sehr geprägt, daß sie tatsächlich davon überzeugt ist, sie sei es nicht wert, geliebt zu werden, obwohl ihr Verstand und ihre Freundinnen ihr sagen, daß sie eine tolle, starke und liebenswerte Frau ist. Doch solange sie, die Hauptperson in ihrem persönlichen Drama, das nicht glauben kann, wird sich die Lage in ihrem Privatleben auch nicht verbessern. Schuld daran ist ihr kritischer Zwilling.

Ja, es gibt eine negative Stimme in uns, unseren „kritischen Zwilling“, der pausenlos auf uns einredet und uns mit Leichtigkeit beeinflußt. Dieser aufdringliche Geselle kann den Vater, die Mutter oder einen Lehrer aus der Kindheit repräsentieren. Jedenfalls sind wir bestens mit ihm vertraut, und obwohl wir ihn ablehnen, ist er sehr einflußreich. Diese Stimme ist nicht mit unserer sogenannten inneren Stimme, also der Intuition zu verwechseln. Sie ist sozusagen das Teufelchen, das uns auf der Schulter sitzt und piesackt. Daß unser innerer Kritiker unablässig redet, ist jedoch nicht das wirkliche Problem, sondern daß wir ihm zuhören und auf ihn hören. Paß auf, dich nicht von dem ewig nörgelnden Zensor beeinflussen und verunsichern zu lassen! Denn ansonsten diktiert er dir eine innere Haltung, die da lautet: „Ich kann das nicht!“

Wenn dir aus deiner Umgebung signalisiert wird: „Du kannst das nicht!“, dann nur deswegen, weil es keine Trennung zwischen deiner inneren Überzeugung und der äußeren Wirklichkeit gibt. Nicht die Umgebung sagt dir: „Du kannst das nicht schaffen“, sondern dies ist nur eine Spiegelung deiner inneren Haltung, deinem eigenen Zweifel daran, ob du es kannst.

Du kannst aber eine neue, „überschreibende“ Ursache setzen und eine ganz neue Wahl treffen. Du mußt dich nicht so verhalten, wie es dir dein kritischer Zwilling einzureden versucht. Unser Leben ist grenzenlos, aber nur wir selbst können das beweisen mit der Einstellung: „Mein Leben ist zutiefst wertvoll, und ich übernehme die volle Verantwortung dafür!“

Susi ist damit noch nicht so weit. Sie ist mit sich selbst nicht im reinen. Auf der einen Seite will sie sich bei ihrem Liebsten melden, auf der anderen Seite verbietet es ihr Stolz, es auch zu tun.

Susi: „Mein Herz riet mir: ‘Los, ruf ihn an und sag ihm, wie es dir geht! Du willst ihm doch von deiner Schwierigkeit, ihm zu vertrauen, erzählen. Sag es ihm. Vorsichtig! Ohne Schuldzuweisung.’ Sofort meldete sich die andere Stimme in mir zurück: ‘Klar, ruf ihn an – wie immer! Blamier dich bis auf die Knochen! Heul ihm am Telefon was vor, darin bist du ja die ungekürte Weltmeisterin! Ja, bist du denn bescheuert? Eine richtige Frau hat das nicht nötig! Du bist stark und unabhängig. Laß ihn zappeln und ruf ihn nicht mehr an – bis er sich meldet. Er soll dich vermissen und auch mal leiden, dann weiß er, wie das ist! Zeig ihm bloß keine Angst oder Schwäche! Dann macht er Schluß! Männer haben keinen Bock auf Krampf. Wenn du ihn jetzt anrufst, bist du ihn bald für immer los. Außerdem hast du schließlich auch deinen Stolz!’“

Die Stimme des Stolzes ist hier keineswegs mit dem “kritischen Zwilling” zu verwechseln. Vielmehr ist der Stolz ein Hinweis darauf, daß wir einen Wert haben, und wenn etwas geschieht, was diesen zu mindern droht, meldet sich der verletzte Stolz als inneres Alarmsignal: Bis hierher und nicht weiter! Unser Stolz hat also durchaus seine Berechtigung und eine wichtige Alarmfunktion. Doch Stolz allein reicht nicht, um deinen Wert nicht herabzusetzen. Es geht vielmehr um die große Herausforderung: Meistere dein Herz – statt dich von ihm beherrschen zu lassen!

Es gibt eine Schönheit, tief in dir, die sich auch in deinem Gesicht zeigt und nach außen ausstrahlt, wenn du mit ihr in Verbindung stehst. Außen ist immer nur die Wirkung sichtbar, innen die Ursache. Wenn du also deine äußeren Wirkungen nicht magst, dann verändere die inneren Ursachen!

Der japanische Buddhist Daisaku Ikeda sagt dazu: „Wenn man schwach bleibt, folgt einem das Leiden, wohin man auch geht. Wenn man sich nicht von innen her ändert, wird man niemals das Glück finden. Glück ist nichts, was dir jemand anders wie z. B. ein Partner geben kann. Du mußt es selbst hervorbringen. Und der einzige Weg, das zu tun, ist die Entwicklung deines eigenen Charakters und deiner Fähigkeiten als Mensch. Wahres Glück erwächst aus der vollständigen Entfaltung des eigenen Potentials. Wenn man das eigene Wachstum und Talent der Liebe opfert, wird man das Glück auf keinen Fall finden.“

# 17 Anders mit der Liebe umgehen – lohnt sich das überhaupt?

„Worum es Frauen, die zu sehr lieben, eigentlich geht, ist ihnen nicht bewußt: Es ist die erneute Chance, Gerechtigkeit zu erfahren, verlorene Liebe zu gewinnen und vorenthaltene Anerkennung zu erlangen. Deshalb sind wir auch normalerweise nicht an Männern interessiert, denen unser Wohlergehen, unser Glück, unsere Zufriedenheit wichtig ist und mit denen der Aufbau einer guten Beziehung möglich wäre."

*Robin Norwood*

Popsängerin Nena bringt es auf den Punkt: „Wie kann ich lassen, was ich doch nicht lassen kann?"

Wenn doch die Wildwasserbahn des Liebesrausches mit ihren Höhen und Tiefen das ist, was dich anzieht wie nichts anderes im Leben, warum und auf welchem Wege solltest du sie dann aufgeben? Und vor allem, wofür? Was habe ich davon, die mir vertraute Art zu lieben gegen eine andere, unbekannte zu tauschen? Geht das überhaupt?

Stella: „Was es mir so schwer macht, eine Sucht aufzugeben, ist: Ich erwarte nicht, daß es mir dadurch wirklich besser geht. Vor vielen Jahren hab ich zum Beispiel mal zwei Monate diszipliniert nicht geraucht. Es stellte sich dabei leider keines der viel gerühmten 'Ich-fühle-mich-besser-Symptome' ein. Ich konnte nicht besser riechen oder schmecken, fühlte mich in keinerlei Hinsicht besser. Ich litt lediglich an unsäglichen Depressionen, weil ich mir die 'Freude' des

Rauchens versagte und es als eine Selbstkasteiung empfand, die zu nichts führte. Also fing ich wieder an. Ähnlich sehe ich es mit der Liebessucht. Ich versage mir den (schädlichen) Rüdiger, habe aber nichts davon! Nur theoretisch im Kopf, aber praktisch fehlt mir alles!"

Hast du Angst, zum Mauerblümchen zu werden, falls du deine leidvollen Liebschaften aufgibst? Glaubst du, einen schlechten Tausch zu machen, wenn du dich auf einen „zu netten" Mann einläßt, weil die Sicherheit, die er dir geben kann, zwar angenehm ist, solch eine Beziehung sich für dich jedoch langweilig und fad anfühlt? Denkst du, die einzige Alternative zu beziehungsunfähigen Männern sei, dich resigniert an jemanden zu binden, der dich überhaupt nicht interessiert oder erregt?

> „Wir treffen Männer aus der ‚Nur-ein-Freund-Kategorie' ab und an, um uns bei ihnen über die neuesten Demütigungen und Verletzungen in unserer gegenwärtigen Beziehung auszuweinen. Diese verständnisvolle, einfühlsame Sorte Mann kann uns einfach nicht das Drama, den Schmerz und die Spannung bieten, die wir als angemessen und richtig empfinden: Denn was wir als schlecht empfinden sollten, empfinden wir mittlerweile als gut, und was wir als gut empfinden sollten, empfinden wir mittlerweile als fremdartig, verdächtig und unangenehm."
>
> *Robin Norwood*

Die Frage ist doch nicht: Willst du Erotik oder nicht? Sie lautet vielmehr: Inwieweit lohnt es sich, für wenige Stunden des Hochgefühls dein ganzes Leben mit Illusionen zu verbringen? Willst du immer nur wechselwarm duschen oder endlich einmal im weiten Ozean schwimmen? Wenn du das willst, dann solltest du wohl oder übel deine Wohnung mit der geliebten Dusche für eine Zeitlang verlassen, dir ein Ticket kaufen und (trotz eventueller Flugangst) in den nächsten Flieger steigen. Ab in die Fluten! Meinst du nicht, daß keine Dusche der Welt gegen Meeresrauschen und Wellengang mithalten kann?

Es wäre schrecklich, wenn es im Leben einerseits nur ein Heer von Beziehungsgestörten und andererseits nichts als eine Ansammlung von Langweilern gäbe! Redest du dir ein, dies sei so, um nicht an dir arbeiten zu müssen? Hegst du klammheimlich die Hoffnung, daß du deine Vorstellung von Liebe und dem Märchenprinzen, der dich vor dir selbst rettet, der dein Leben erfüllt und lebenswert macht, doch nicht aufzugeben brauchst? War es etwa nur Zufall oder Mangel an glücklichen Umständen, daß dir dein Romeo noch nicht begegnet ist? Es wäre natürlich viel leichter und auch angenehmer, wenn es jemanden gäbe, der dir alles gibt, wonach du schon so lange suchst, und der dich auf Händen trägt, bis daß der Tod euch scheidet.

Vielleicht hältst du ja einfach nur an einer nicht funktionierenden und wenig erfüllenden Beziehung fest, weil du dir nicht vorstellen kannst, was wirkliche Liebe bedeutet. Du kennst sie ja eigentlich gar nicht. Wie sollst du dich also für sie begeistern können?

Paare, die eine Vorzeigeverbindung leben, sind so selten wie ein Lottogewinn, keine Frage. Aus Angst, solch eine Beziehung niemals leben zu können, bleibst du lieber den gewohnten Kompromissen treu, als etwas ganz Neues zu riskieren, von dem du nicht einmal glaubst, daß es sich lohnt.

Doch, es lohnt sich! Liebe ist eine grenzenlose Kraft, eine vibrierende Energie, die alles und jeden zu berühren vermag. Wenn du dein Herz für sie öffnen kannst und ihre sanfte Intensität erfährst, wirst du mit ihr als Wegbegleiter Menschen auf behutsame und dennoch intensive Weise verzaubern können. Jeder Begegnung, die du mit ihr in deiner Mitte machst, wird eine Würde und ein Glanz verliehen, die wundervolle Beziehungen voller Hingabe und Einheit hervorzubringen vermögen. Du wirst nicht gänzlich auf Himmel und Hölle leidenschaftlicher Liebe verzichten müssen – keine Sorge. Das einzige, was sich ändert, ist deine Beziehung zu dir und deiner inneren Basis. Auch wenn du diese in dir festigst, wirst du im Leben weiterhin fallen und genau wie alle anderen von bestimmten Leiden nicht verschont bleiben. Doch du wirst nicht lange in einem Tief verweilen, sondern dich wie ein Gummiball schnell wieder vom Boden abstoßen. Aus eigener Kraft. Du kannst das erotische Hochgefühl weiterhin erleben – sogar auf eine Weise, die alles, was vorher war, in den Schatten stellt, wenn du auf freie und selbstbewußte Weise liebst.

Du wirst nicht selten den unwiderstehlichen Drang verspüren, zu deinen altbekannten Mustern zurückkehren zu wollen. Jede andere Form der Liebe als jene, die du als berauschendes Endziel kennst, wird dir nicht als ebenbürtig erscheinen angesichts der hypnotisierenden Macht der abhängigen Liebe. Die Illusion, daß Liebe etwas ist, worum du kämpfen mußt, wird dich fest in ihrem Bann halten – mach dich darauf gefaßt!

Wenn du dich innerlich immer wieder freischaufelst und dich auf deine Stabilität und Eigenliebe konzentrierst, kann etwas ganz Neues passieren: Die Liebe zu dir selbst wird eine praktische Erfahrung und überstrahlt all deine Bedürftigkeiten in einer Weise, die dich erstaunen wird. Die Frage ist nur: Möchtest du dieses Neue überhaupt kennenlernen? Oder überwiegt die Angst, das Alte zu verlieren?

Wenn du ein neues Haus (eine neue Beziehung) auf deinem Grundstück (deiner inneren Basis) gestalten möchtest, dann kannst du entweder einen Umbau in Angriff nehmen oder ein ganz neues Haus bauen. Ein Umbau würde erfordern, daß du deine abhängigen Forderungen an deinen Partner verminderst, deine Vision von deinem Haus ausdrückst, dafür die Initiative ergreifst und dem ganzen Raum und Zeit gibst, damit es Formen annehmen kann.

Sollte ein Umbau deines Hauses nicht mehr möglich sein, weil es zu marode ist, kein tragfähiges Fundament hat oder einfach jeder Änderungswunsch auf einen faulen Kompromiss hinauslaufen würde, wird dir nichts anderes übrig bleiben, als einen Abbruch vorzunehmen. Dieses Einreißen deines einstigen Zuhauses tut weh, weckt alte Erinnerungen, erfordert Loslassen, ist schwer und stimmt melancholisch. Der Abriß ist ein Schritt, der nicht mehr rückgängig zu machen ist. Doch nicht nur das. Solltest du dich schweren Herzen dazu durchringen, den Abbruch durchzuziehen, stehst du nach getaner Arbeit erst einmal vor dem Nichts. Vor einer Leere, die du noch nicht zu füllen weißt. Das alte Heim ist weg. Es hatte dich nicht wirklich glücklich gemacht, doch jetzt, wo es zerstört ist, idealisierst du es in der Rückschau. Wahrscheinlich wirst du dir sagen: „Oh, nein! Was habe ich nur getan? Es war doch eigentlich alles ganz okay so!“

Der Aufbau des neuen Hauses dauert seine Zeit und ist mühsam. Stein auf Stein geht´s langsam voran. Bis es Formen annimmt, erfordert es deine Geduld und dein Vertrauen – ins große Unbekannte! Dein neues Reich wird das alte mit Sicherheit überragen und dir mit seiner Geräumigkeit und seinem neuen Stil beweisen, daß es die Mühe und das Vertrauen wert war.

Bis es soweit ist, hier ein paar Motive, Lust auf bedingungslose Liebe zu bekommen:

- Für die wahre Liebe brauchst du dich nicht zu verbiegen und auf nichts und niemanden zu warten!
- Wenn du dich selbst liebst, triffst du Männer, die zu dir passen, statt nur solche, die du dir passend machst!
- Wenn du zu deiner wahren Liebesfähigkeit erwachst, wird dein Leben nicht langweiliger, sondern aufregender!
- Wenn du die Kontrolle aufgibst, kann der Spaß in deinem Leben beginnen!

Bedingungslose Liebe macht weder krank noch traurig noch einsam. Liebe ohne zwanghafte Abhängigkeit macht glücklich und hält länger. Liebe, die von innen kommt, tanzt im Licht, bringt dich zum Lachen, tankt dich auf mit Lebensfreude und Energie, die du mit einem Partner deiner Wahl teilen kannst. Süchtige Liebe in Liebe zu verwandeln bedeutet auch das Ende der Angst. Wenn das kein Grund ist, alte Muster loslassen zu wollen: Angst gegen Liebe einzutauschen!

Ja sagen zu können zum Sich-Einlassen auf die aufrichtige Liebe bedeutet demnach: Du bist auf dem besten Weg, den Liebesteufelskreislauf von Illusion, Traurigkeit, Verblendung und qualvoller Sehnsucht zu verlassen.

In aller Klarheit: Nichts läge mir ferner, als dir Worte wie Sehnsucht oder Romantik vermiesen zu wollen. Ich bin eine wilde Romantikerin und glaube nicht, daß Romantik mit sich allein existiert. Ich möchte dich auch keinesfalls dazu überreden, deine Sehnsucht durch tröstende Kopfgymnastik zu ersetzen. Wozu haben wir schließlich das quälend süße Gefühl? Es hat als Liebeskompaß durchaus seine Berechtigung und ist viel zu schön, um es aus unserem Leben ausklammern zu können. Doch wie bei allen Dingen ist alles eine Frage des Gleichgewichts und der Dosis. Sehnsucht kommt phasenweise immer wieder. Wenn du bemerkst, daß sie überhand nimmt (sprich: du zu sehr unter ihr leidest), tritt auf die Bremse und erinnere dich daran, daß du dabei bist, mit Vollgas in eine Sackgasse zu donnern. Nimm dir eine Auszeit und konzentriere dich darauf, wieder bei *dir* anzukommen, zu *dir* zu finden. Zu viel Sehnsucht macht dich kaputt und schlägt Männer in die Flucht. So einfach ist das. Früher oder später wirst du zur Chefin deiner Gefühlswelt und schaffst es, das Steuer herumzureißen, wenn du dabei bist, dir selbst weh zu tun. Bye bye panikartige Zustände, Einsamkeit und Leere! Raus aus der Bedürftigkeitsspirale, rein in das Bad der Liebe!!!

# 18 Die Lizenz zum Lieben

Es gibt leider wohl kein Patentrezept für die Heilung von Liebessucht. Schon allein deswegen, weil jeder von uns seine individuelle Herausforderung hat – eine Aufgabe, die nur er in seiner ureigenen Zeit lösen kann. All die Hindernisse auf dem Weg zur Liebe dienen der Entwicklung deiner Charakterzüge und deiner Liebesfähigkeit. So entsetzlich Herzschmerz auch sein kann, er hat durchaus eine positive Seite: Leiden läßt dich in die Tiefe gehen und motiviert dich, einen Weg zu finden, um deinen Hang zur Leidenssucht zu überwinden.

In schweren Fällen von Liebesabhängigkeit, wenn Drogen und Gewalt im Spiel sind, gibt mancher Psychologe den Rat, sehr lange Zeit keine Beziehung einzugehen. Mag sein, daß dies hilft. Wenn man aber nur noch ein Jahr zu leben hat? Ich bezweifle, daß totale Abstinenz die Lösung sein kann.

Wie gesagt, ein einfaches und „schnelles" Rezept mit Sofortwirkung auf Liebesgarantie kann dir niemand ausstellen. Das ist die schlechte Nachricht. Dafür kann ich dir vielleicht ein paar Appetithäppchen anbieten, die Lust auf eine andere Liebe machen sollen: die Liebe zu sich selbst, die Liebe zum Leben, die Liebe, die kein Leiden, kein Sehnen, kein Kämpfen und kein Drama erfordert. Und die Neugier, sich auf einen wirklichen „Lakritzemann" einzulassen – jemanden, der ebenfalls etwas zu geben hat und der es zuläßt, daß seine Herzdame das Gleiche tut.

*Mann* kann lieben lernen. *Frau* auch! Voraussetzung: der feste Wille, es zu lernen. Es mag nicht so einfach sein, diese Liebe in sich zu erschließen – nicht umsonst spricht Erich Fromm von der „Kunst des Liebens“– doch es lohnt sich!

Obwohl dich dein sehnsüchtiges Ausharren nach einem aussichtslosen Mann nicht glücklich gemacht hat, wird es dir paradoxerweise dennoch sehr schwerfallen, dich von Dauerliebeskummer, Wartesaaldasein und rosaroter Brille zu verabschieden. Diese eingefahrenen Muster sind ein großes Stück Heimat für dich geworden. Sie begleiten dich, seit du denken kannst. Doch sie sind nur ein Teil von dir. Sie dienten dir lediglich als Hinweise, woran du arbeiten kannst, als Chance und Trainingseinheiten, um dich im Lieben zu üben und in deiner Liebesfähigkeit zu wachsen. Schließlich brauchst du nicht nur zum Autofahren einen Führerschein. Als genesende Liebessüchtige brauchst du: „Die Lizenz zum Lieben“!!!

„Was bitteschön soll das denn sein? Eine Erlaubnis? Ein Passierschein in den siebten Himmel? Ich verliebe mich, wie, wo und wann es mir paßt, klar!“ entgegnest du mir jetzt sicher.

Tu das! Aber bitte mit der Einsicht im Handgepäck, daß du eine innere Basis haben solltest, von der aus du dich ins Abenteuer Liebe stürzt. Mit einem starken inneren Fundament ausgestattet, wird deine Angriffsfläche für altbekannte Verletzungsgefahren viel geringer sein. Ein Zentrum der Liebe in dir bewahrt dich vor dem harten Aufprall, solltest du abgewiesen oder verlassen werden.

Zu deiner Beruhigung: Diese „Lizenz zum Lieben“ bekommst du von niemand anderem als von dir selbst. „Und wie? Muß ich dafür jemand anders werden?“ Keineswegs. Es geht nur darum, *zu sich* zu kommen. Einfach erkennen, akzeptieren, loslassen und üben, üben, üben! Übung macht den Meister!

Was solltest du üben? Es dir gut gehen zu lassen. Dich zu lieben! Die Liebesenergie in dir zu aktivieren, die dich innerlich groß und weit macht – statt klein und eng. Dann kannst du auch andere lieben, ohne sie mit deinen überdimensionalen Erwartungen in die Enge zu treiben.

Wie kannst du dies üben? Da gibt es verschiedene Wege, die du vielleicht auch schon in der ein oder anderen Form ausprobiert hast. Du kannst Affirmationen anwenden, dir liebevolle Komplimente machen oder meditieren. Die wichtigere Frage ist: Bist du tatsächlich bereit, deine süchtigen Gewohnheiten aufzugeben? Glaubst du, daß es da etwas in dir gibt, wofür du diesen Schritt wagen würdest? Läßt du dich darauf ein, etwas Neues kennenzulernen? Oder willst du so weitermachen wie bisher? Das ist die große Frage.

## Verwandeln statt auslöschen: Muster überschreiben

Beziehungen sind ein Experimentierfeld, auf dem du lernen und üben kannst zu lieben, ganz nach dem Motto: „Learning by doing". Du hast immer wieder den gleichen Typ Mann vor die Nase gesetzt bekommen beziehungsweise angezogen, damit du deine Liebesfähigkeit an ihm ausbilden kannst. Auch wenn das beinhalten mag, daß du alte Fehler wiederholst. Du kannst eben nur etwas ändern, wenn du das, was du verändern möchtest, erkannt hast. Statt dich zur Abstinenz von jeglicher Beziehung zu verdonnern, kannst du deinen Partner oder den, der es werden soll, dazu benutzen, deine Fähigkeit zu trainieren, jemanden bedingungslos zu lieben und deine Forderungen nicht zwanghaft an den Liebsten zu richten, sondern dich selbst glücklich zu machen. Dein Auserwählter hat dabei die Rolle eines Komplizen. Er wird deine positiven und negativen Verhaltensweisen herauskitzeln, und daran, wie du dich verhältst, kannst du deine Reaktionen erkennen, gegebenenfalls einsehen und Schritt für Schritt verfeinern.

Ein einfaches Beispiel: Besteht dein Muster darin, dich zwanghaft in verheiratete Männer zu verlieben, die sich nach zwei, drei Liebesstunden davonmachen, kannst du an ihnen trainieren, nicht mehr mit einem inneren Fallbeil zu deinem Date zu gehen. Statt zu fürchten: „Oh, Gott, die Zeit läuft mir davon, gleich ist er wieder weg, und ich stürze in ein Loch", kannst du an ihm und seiner mitgebrachten Herausforderung an dich Erwartungslosigkeit üben und herausfinden, ob du es schaffst, trotz Mr. Superlover einfach im Hier und Jetzt zu sein. Nicht etwa, um es *ihm* recht zu machen und fatalistisch seine Wünsche zu erfüllen. Es geht hier in erster Linie um *dich*! Gelingt es dir, dich mit der Liebe, die in dir ist, zu verbinden, selbst im Auge des Orkans? Wo auch immer, mit wem auch immer, wie auch immer? Wie stark ist diese Liebe, wie ist dein Zugang zu ihr? Hast du überhaupt einen? Oder erwartest du alleinige Erfüllung durch die Liebe zu einem Mann? Soll er dich mit etwas füllen, was du dir selbst nicht zu geben vermagst?

Wenn du es schaffst, diese Quelle der Liebe in dir zu erschließen, wird sich alles verändern. Deine nagende Angst wird sich in Gelassenheit verwandeln, und dein Superlover wird in Kürze viel weniger Eindruck auf dich machen, als du dir vorzustellen imstande bist. Das Öffnen deiner Liebesquelle in dir ist ein Hauptgewinn, der andere Gewinne nach sich zieht: Du wirst nämlich in die Lage versetzt, Gift in Medizin zu verwandeln. Wenn deine Schwächen und Gifte sich in dir bemerkbar machen, entwickelst du ganz einfach ein Gegengift aus ihnen, indem du deine Schwächen benutzt. Du kannst dich ihnen liebevoll stellen und an dir arbeiten. Sei bereit, sie zu erkennen! Dann ist es nur eine Frage der Zeit und der Entschlossenheit, bis sich deine scheinbaren Mankos in Stärken verwandeln. Aus Angst kann Mut werden – wenn du dich ihr stellst und sie überwindest. Aus Depression wird Lebensfreude – wenn sie dazu führt, daß du deine eigentlichen Talente und Anlagen entfaltest, statt sie zu unterdrücken. Und aus romantischer Bedürftigkeit wird Liebe – wenn du dazu bereit bist, deine unbändige Sehnsucht zu zähmen und die Liebe in *dir* zu suchen statt nur im Außen.

Ganz umgehen kannst du deine „Gifte“, sprich: den Zwang, jemanden anzuhimmeln, der nicht besonders liebevoll mit dir umgeht, ja nun mal nicht. Also, mach etwas Heilsames daraus, statt auf kalten Entzug zu gehen und damit das Problem nur aufzuschieben. Als unfreiwilliger Eremit zu leben ist letztlich auch eine Illusion und ein unnatürlicher Zustand, denn nichts und niemand – außer dem Einsiedlerkrebs – ist zum ewigen Alleinsein geboren.

In diesem Sinne nutzt es wenig, Versuche zu unternehmen, deine Wünsche, Begierden und Abhängigkeiten einfach nur zu löschen. Es wird dir nicht gelingen, denn sie verschwinden nicht einfach. Es ist jedoch möglich, deine abhängige Liebe zu durchleuchten und zu erhellen, ohne dafür ein anderer Mensch werden zu müssen. Im Gegenteil: Du wirst die Person, die du eigentlich bereits bist. Ohne falsche Rücksichtnahme! Und ohne dich kleiner zu machen, als du wirklich bist!

Illusionen und Wünsche erfüllen eine erstaunliche Funktion in deinem Leben: Sie tragen einen ungeahnten Schatz in sich, nämlich das Potential, dich durch sie – als äußeren Anlaß – auf den Weg zu begeben, um sie zu meistern. So gesehen ist dies der Meisterweg. Egal, ob du bereits perfekt bist oder nicht. Du gehst ihn. Die Begegnung mit deinem Ärger, deiner Abhängigkeit, Dummheit und Arroganz kann von dir in Weisheit, tiefe Liebe zum Leben, Freude und Mitgefühl verwandelt werden. Mit anderen Worten: Du kannst jeden unreifen Lebenszustand zu deinem Nutzen transformieren.

Dabei verbiegst du dich nicht und kannst bleiben wie du bist.

Du benötigst nichts weiter als die Bereitschaft, an deinen Schwächen zu wachsen. Über diesen Wachstumsprozeß kommst du zu deinem wahren Kern, den Teil in dir, in dem deine Liebesfähigkeit wie Dornröschen im hundertjährigen Schlaf darauf wartet, wachgeküßt zu werden. Wie du siehst, muß es noch nicht einmal ein tatsächlicher „Prinz" sein, der diese Fähigkeit in dir erweckt – den Job kann auch ein „Frosch" übernehmen. *Er* ist nicht wichtig – zu deiner großen Überraschung. Er spielt nur eine kleine Nebenrolle. *Du* bist und bleibst die Hauptperson in deinem Drama. Hauptsache, du erkennst in der Beziehung zu einem Mann, wo du stehst und was du noch tun kannst, um in die wahre Liebe zu kommen. Du kannst die Erfahrungen mit deinem „Frosch" also dazu benutzen, deine Muster so verändern, daß du wirklich glücklich wirst.

## Nützlichkeit von Illusionen

Herzenswünsche (und damit auch Herzensmänner), seien sie illusionär oder nicht, können dir sozusagen als Lockmittel dienen. Um dich überhaupt mit der Tiefe des Lebens auseinanderzusetzen und die Oberfläche zu verlassen, brauchst du eine Motivation. Das ist die wahre Funktion von Illusionen: Wir können uns durch unsere Illusionen entwickeln, wenn wir sie durchschauen. Wir können also „durch sie schauen" in unser Innerstes. Und zwar immer dann, wenn es weh tut!

Insofern waren die vielen Jahre deines Liebens inklusive Liebeskummer alles andere als verlorene Zeit. Manche Beziehungen hielten lange, andere gingen sofort wieder in die Brüche, einige waren wunderschön und andere ein einziges Tal der Tränen. Du hast etwas aus ihnen gelernt, auch wenn das nicht heißt, daß du das Gelernte immer konsequent anwenden konntest. Doch den Wunsch nach Selbstwert,

Würde und Respekt hast du auch durch Enttäuschungen nicht verloren. Du hast ihn aus gegenteiligen Erfahrungen entwickelt, und schon allein deswegen waren deine gescheiterten Beziehungen nicht für die Katz. In einer jeden verbirgt sich die Möglichkeit zur Erweiterung deines Herzens und deiner Liebesfähigkeit. Sie dienen als Zückerchen für unsere Entwicklung! Ohne diese Entwicklungsmöglichkeit würden wir genauso von dieser Erde gehen, wie wir gekommen sind.

Apropos Zucker: Liebessüchtige Frauen sind, wie bereits erwähnt, meistens auch Schokoholikerinnen: Sie greifen zur süßen Ablenkung, wenn es wieder einmal nicht „der Richtige" war – manchmal auch tafelweise.

Warum bringen die meisten Diäten das Gegenteil von dem, was wir uns wünschen? Ganz einfach, weil sie den Wunsch, etwas zu essen, nicht verringern, sondern verstärken. Wenn du dir zum Beispiel Schokolade gänzlich verbietest, wird alles in dir nur noch an Schokolade denken. Statt sie aus deinem Leben zu verbannen, wirst du früher oder später, je nach Willensstärke, doch wieder nachts heimlich den Kühlschrank plündern, weil dein unterdrücktes Verlangen unermeßlich wird.

Hungerkuren machen Hunger, und Liebesentzug fixiert uns noch mehr auf Männer. Es funktioniert höchstens mit eiserner Disziplin, die Kontrolle über den Heißhunger auf Schokolade und den auf Kerle zu erlangen. Und selbst dann ist es noch sehr schwer, Süßes gänzlich aus dem täglichen Leben zu eliminieren – wie wir alle wissen.

Sich einfach nur Regeln aufzuerlegen funktioniert also auf Dauer nicht. Es geht vielmehr darum, die Leere, die dich nach zu viel Schoko lechzen läßt, zu füllen und die eigentliche Ursache zu finden, die dich zum zwanghaften Essen drängt. Wenn du erfüllt bist, brauchst du keinen Zucker mehr!

„Oder wenn ich verliebt bin ...“, trällert Lilli Liebessüchtig. „Dann will ich keine Schokolaaade, dann will ich lieber einen Maaann!“ Verliebtheit hat für die Lillis dieser Welt eine ähnliche Funktion wie Süßigkeiten. Beides lenkt von ihrem eigentlichen Gemütszustand ab, ist aber nicht dazu angetan, ihr Lebensgefühl des Hungers grundlegend zu verändern.

Wenn die Liebe in dir aufgeht wie eine mächtige innere Sonne, erstrahlt dein Leben voller Licht, Liebe und Kraft. Damit vertreibst du die Wolken um dich herum. In einem solchen sonnigen Zustand kannst du sowohl Männer als auch Schokolade ab und zu genießen, ohne von ihnen zu sehr abhängig zu werden oder sie als Antidepressiva zu benötigen. In dem Moment, wo du eine tiefe Erfahrung mit der Liebe in dir machst, wirst du eine unermeßlich große Freude empfinden, die du auf natürliche Art und Weise mit anderen teilen kannst. Auch mit einem Mann!

Der Weg der Mitte hat viel mehr Aussicht auf Erfolg als jegliches Extrem. Du kannst dein inneres Gleichgewicht wiederherstellen, statt dich gänzlich um den Genuß von irgend etwas bringen zu müssen. Für Alkoholiker gilt dieser Mittelweg bekanntlich nicht, denn beim kleinsten Tropfen können sie rückfällig werden. Doch bei ihnen geht es um weit mehr als darum, abstinent zu sein. Sie verwandeln ihr Suchtverhalten in dem Moment, wo sie ihre Lebensfreude und Verbundenheit mit dem Ganzen erleben und ihre Gefühle auch ohne Hilfsmittel zulassen können. Diesen Zustand können sie über ihre Spiritualität erreichen – ganz ohne Drogen.

## Absolutes Glück

Es ist immer entscheidend, mit welchem Bewußtsein wir Problemen begegnen. Was zählt, ist unsere Haltung. Wozu dient mir diese Herausforderung? Wie kann ich daraus einen Wert für mich und vielleicht sogar für andere schaffen?

Es gibt *relatives* Glück und *absolutes Glück.*

Absolutes Glück – so etwas existiert doch gar nicht! Doch! Allerdings bedeutet es nicht, daß in deinem Leben permanent alles in Butter ist und du das Dauerlächeln einer Stewardess im Gesicht trägst. Der Begriff hat also nichts von „Friede, Freude, Eierkuchen", sondern eher vom „Fels in der Brandung". Indem du dir deine innere Basis schaffst, wirst du so stabil, daß dich bestimmte Ereignisse nicht mehr so einfach aus der Bahn werfen können. Und je mehr du bei *dir* bist, um so weniger brauchst du bestimmte Ereignisse, um glücklich zu sein. Dein Glück hängt dann nicht mehr permanent von anderen ab. Beständiges Glück ist unabhängig vom ständigen Kommen und Gehen des Lebens und nicht an deine Erwartungen gebunden. Es läßt dich ohne Grund lächeln. Wahres Glück kommt aus der untrennbaren Verbundenheit mit unserer wahren Natur und dem großen Ganzen.

> „Es gibt viele Zugänge zum Gefühl der Verbindung mit dem Zeitlosen. Für einige kann es das Erlebnis einer atemberaubenden Landschaft sein oder das Wunder der unendlichen Sonnen und riesigen Räume des Kosmos. Für andere ist es die Erfahrung der Verbindung mit dem Leben überhaupt. Und für wieder andere ist es das Gefühl der Verwandtschaft mit allen Menschen. Wenn jemand, der eine Liebesbeziehung beendet oder verloren hat, in der Lage ist zu fühlen: ‚Ich bin Teil eines größeren Plans', erlebt er von neuem die ursprüngliche Geborgenheit und fühlt sich weniger allein."
>
> *Dr. Howard M. Halpern*

# 19 Eine innere Basis bilden

Die Liebe, die aus deinem Inneren kommt, wird dich erneuern und auftanken, egal welches wirksame Werkzeug du anwendest, um dich mit positiver Energie aufzuladen und dich wieder freudig in den Fluß des Lebens stürzen zu können. Wesentlich ist, daß wir eine innere Basis in uns haben, damit wir nicht fremdbestimmt werden, sondern selbst die Zügel unseres Lebens in der Hand behalten. Komme, was auch immer!

Innere Stabilität ist ohne Zweifel die Voraussetzung dafür, daß man sein Leben auf lange Sicht und auf liebevolle Weise mit einem anderen Menschen teilen kann. Stell dir einfach mal vor, du sitzt auf einem wackligen Hocker, der deinen Partner oder deine Partnerschaft repräsentiert, auf die du dich stützt. Wenn dein Liebster geht und die Partnerschaft in die Brüche geht, hast du keinen Halt mehr, und du fällst ins Bodenlose. Hast du dagegen eine innere Basis, hat das Verhalten anderer keinen so massiven Einfluß mehr auf dich. Statt dein Leben komplett auf einer anderen Person aufzubauen, kannst du dann mit den Höhen und Tiefen des Lebens und einer Partnerschaft viel besser umgehen, als wenn du instabil aus jeder Kurve schlitterst, die eine intensive Zweisamkeit mit sich bringt. Mit einem solchen inneren Zentrum kannst du dich jeden Tag neu entscheiden, wieder in die Fülle zu gehen, statt traurig in der Enge der Bedürftigkeit zu verharren und auf eine Änderung des Verhaltens deines Liebsten zu warten. Und der Mann deines Herzens wird durch deine Selbstständigkeit von der enormen Last einer ungewollten Verantwortung befreit.

Es gibt viele Wege, ein selbstbestimmtes und erfülltes Leben zu erreichen. Manche Menschen brauchen, je nach Grad ihrer Liebesabhängigkeit, lange Jahre der Auseinandersetzung mit sich und dem eigenen Verhalten. Für einige bleibt dies sogar ein lebenslanger Prozeß, bei anderen macht es einfach klick, und ein innerer Schalter legt sich um. Das ist individuell verschieden.

Was man unbedingt für diese Reise braucht, ist der Mut, unbekanntes Neuland zu betreten. Es gehört auch ein großes Stück Überwindung und Selbstdisziplin dazu, sich durch die eigenen Abgründe zu wagen, um sie zu betrachten und zu heilen. Wichtig ist auch: Durchhaltevermögen!

> „Die Reise von Kamakura nach Kyoto dauert zum Beispiel zwölf Tage. Wenn Sie nur elf Tage reisen und am zwölften umkehren, wie können Sie dann den Mond über der Stadt sehen?“
>
> *Nichiren Daishonin*

Dieser Prozeß wird bestimmt auch intensive Momente der Trauer und der Tränen umfassen, wenn du Situationen, in denen Verletzungen stattfanden, wiederauferstehen läßt und dir bestimmte schmerzliche Erinnerungen vergegenwärtigst. Doch es geht nicht darum, woher der Pfeil kam, der dich verletzt hat, sondern vielmehr darum, ihn so schnell wie möglich aus deiner Wunde herauszuziehen und diese zu heilen. Die Vergangenheit ist vergangen. Es ist wichtig, die eigentliche Ursache für deine tiefe Bedürftigkeit zu erkennen; doch einmal erkannt, tust du auch gut daran, diese loszulassen, statt dich in deinem Leid zu suhlen. Erkenne sie als Auslöser negativer und giftiger Programmierungen in dir, und beginne damit, diese Ursache zu transformieren.

Wie wir das anstellen, ist Geschmackssache. Wir können einen guten Therapeuten aufsuchen, Familienaufstellungen machen, uns in Hypnose versetzen lassen, meditieren, Astrologen und Hellseher befragen. Es gibt viele Wege, um sich innere Prägungen deutlich zu machen und vor allem aufzulösen. Sie alle können nach Rom führen – zur Liebe. Der Liebe, die uns alle vereint, die immer schon in uns war und die wir vielleicht trotzdem noch nicht erfahren haben. Woher wir sie erschließen, ist unwichtig. Es gilt nur, diese Liebe nicht vor lauter Ablenkung und Konzentration auf den vermeintlichen Prinzen zu verpassen.

## Das Tauziehen mit dem Ego

Transformation ist immer ein Lernprozeß, der nicht unbedingt von heute auf morgen Früchte tragen wird. Die gewohnten Verhaltensweisen sitzen so tief in dir drin und sind so schnell abrufbereit, daß du dich auf ein regelrechtes inneres Tauziehen mit dir gefaßt machen solltest. Es wird viele Momente der Versuchung geben, wieder in das vertraute Fahrwasser zu geraten, um alles beim Alten zu belassen. Schließlich läßt du dich auf einen Wettstreit mit deinem Ego ein! Bisher hat es in deinem Leben das Sagen gehabt und gibt daher bestimmt nicht so einfach kampflos seinen Stammplatz auf. Immer dann, wenn du dabei bist, ein neues Kapitel aufzuschlagen, wird es rebellieren. Du kannst die Uhr danach stellen: Es wird dich bedrängen, im Karree springen vor Entsetzen darüber, daß du dich der wahren Liebe öffnen willst. Bereite dich darauf vor, daß es dich mit allen Mitteln in deine alten Gewohnheiten zurückziehen möchte: Mal wird es dich becircen, mal wütend anschnauben, mal besserwisserisch korrigieren, vor allem aber wird dein Ego es dir furchtbar schwer machen, deine Gedanken an die schönen Stunden mit deinem Lover loszulassen.

Geht es darum, dein Ego zu vertreiben? Fehlanzeige. Das Ego kann und soll weder sterben noch sich auflösen. Es hat eine wichtige Funktion in deinem Leben und ist weder gut noch schlecht. Unser Ego steuert unseren Willen und sorgt dafür, daß wir uns mit dem versorgen, was wir zum Leben benötigen. Doch es soll Platz machen für Neues und sich nicht so wichtig machen dürfen. Mit anderen Worten, du solltest es nicht in „Alleinherrschaft" über dein Herz bestimmen lassen, denn dann bleibst du auf ewig im engen Käfig der süchtigen Liebe gefangen.

> „Ziel im Leben ist es, unser Ego zu beherrschen. Das können wir aber erst, wenn wir aus jeglicher Bewertung herausgehen, Bewertungen anderen gegenüber, aber auch uns selbst gegenüber. Das heißt auch, unser Ego selbst nicht mehr zu bewerten und unsere damit verbundenen Taten. Wenn wir alles annehmen und es als gleichwertig betrachten, Verantwortung für unsere Taten übernehmen und lernen, uns mit unseren Licht- und Schattenseiten zu lieben, erst dann ist Friede in uns."
>
> *Beate Bunzel-Dürlich*

## Der Schlüssel zur Liebesenergie

Der Schlüssel, um dem Verlies der Liebessucht zu entkommen, ist die bereits in dir vorhandene reine Liebesenergie. Eine Quelle, die als unversehrtes Potential in dir ruht und nur darauf wartet, von dir geweckt und aktiviert zu werden. Deine innere Sonne ist so stark und ihr warmes Licht so kraft- und liebevoll, daß sie wie eine gewaltige Energie jedes Hindernis überstrahlen kann. Selbst das penetrante und hartnäckige kleine Ego muß da passen.

Es gibt dazu eine schöne Geschichte: Dem Wind ist langweilig, und so schließt er mit der Sonne eine Wette ab: „Siehst du den Mann in dem dicken Wintermantel da unten? Wetten, daß ich es vor dir schaffe, ihm den Mantel auszuziehen?“ Die Sonne nimmt die Wette an. Daraufhin beginnt der Wind zu blasen und zu stürmen, was das Zeug hält. Doch statt den Mantel auszuziehen, klammert sich der frierende Mann nur immer fester an ihn und hält den Mantel mit aller Kraft am Leibe. Völlig aus der Puste flucht der Wind: „Mist! Das Ding klebt wie eine Klette an ihm. Jetzt du!“

Die Sonne kommt aus den Wolken hervor und tut: nichts. Sie ist einfach da und strahlt. Von ihr gewärmt und entspannt, legt der Mann den Mantel ab.

Es ist also nicht immer so wichtig, was du *tust*, sondern vielmehr, wer du *bist* und welcher Part in dir das Steuer übernimmt.

Was hilft dir, in deine Mitte zu kommen? Authentisch und entspannt zu sein? Bist du nicht bei dir, fühlst dich leer und energielos, dann ist dieser Mangel an Lebenskraft die Ursache für Traurigkeit und die Tendenz, das Glück in der Außenwelt und bei anderen zu suchen.

Damit anzufangen, Dinge zu tun, die dir deine Energie zurückgeben und dir Freude bereiten, ist dabei nur ein kleiner erster Schritt im Außen. Wesentlich ist, daß du einen Zugang zu deiner inneren Lebenskraft findest. Die Fähigkeit, für dich zu sorgen und dir Herzenswünsche zu erfüllen, ist ein Beweis dafür, daß du tatsächlich bereit bist, dich dir zu widmen. Wie wär´s, dich mal mit freudigen Überraschungen zu verwöhnen? Solche kleinen Liebesbeweise an dich selbst haben an der Entdeckung deiner Liebesenergie einen wesentlichen Anteil, weil du dir (und deinem inneren Kind) zeigst, daß du es wert bist, gut zu dir zu sein. Tust du das, wirst du sicherlich keine Männer mehr mit „Sag-mir-daß-du-mich-liebst-Forderungen“ zutexten. Und gerade, weil du diese Bestätigungen von einer bestimmten Person nicht mehr brauchst, wirst du sie bekommen, da die Menschen in deinem Leben dir ja widerspiegeln, was du selbst von dir glaubst. Eigentlich ganz einfach.

Isabel: „Wenn ich auf einem Pferd sitze und es mit mir davongaloppiert, gibt es keine Kerle mehr in meinem Kopf. Dann gibt es nur noch mich und das Pferd. Ich bin dann ganz im Moment, im Hier und Jetzt, eins mit dem Tier und der Natur, und will nichts anderes mehr. Ich bin dann reine Kraft und Leidenschaft. Eine starke, furchtlose und stolze Amazone, die durch Wald und Wiesen prescht und unsagbare Lebensfreude empfindet. Das Pferd erinnert mich an meine wahre Kraft und zeigt mir, wie ich leben will. So will ich leben: voller Lebenskraft und Elan. In jedem Moment. So dem Leben und seinen Herausforderungen begegnen. Auch in Beziehung."

Nun, das Leben ist kein Ponyhof, und deine Hobbys eignen sich sicher auch nicht als dauerhafte Ersatzfunktionen für eine Beziehung. Doch was Isabel hier ausdrückt, hat weniger mit dem Glück auf dem Rücken der Pferde als mit ihrem inneren Lebensgefühl zu tun, das das Galoppieren in ihr auslöst. Wie auch immer du es machst: Es geht vor allem um dein Sein, um das Erleben der Liebe in dir – auch ohne männliche Hilfestellung oder männliches Gegenstück.

Da stellt sich die Frage: Muß man tatsächlich erst jahrelang allein leben, um an diesen Punkt zu kommen? Wenn das so wäre, dann wären all die Singles da draußen ja wahre Meister in Beziehungen. Einfach aus dem Grund, weil sie allein leben. Das Gegenteil ist der Fall. Alleinsein ist keine zwingende Voraussetzung dafür, um wahre Liebe zu erfahren. Es kann dennoch gut tun, sich eine Auszeit aus der Berg- und Talfahrt der Gefühle zu nehmen und sich klar zu werden, was man in Beziehungen und in seinem Leben eigentlich will:

Wer bin ich?
Wo stehe ich?
Was will ich?
Statt immer nur zu fragen:
*Wen* will ich?

Ob allein oder vereint lebend: Wichtig ist, einen Weg zu finden, durch den du erfahren kannst, daß diese Liebe *in dir* ist und du damit aufhören kannst, sie außerhalb von dir zu suchen. Alles was in dir ist, manifestiert sich früher oder später auch in der äußeren Realität.

> „Um Ihren idealen Partner anzuziehen, müssen Sie sich zuerst auf dieses Erlebnis vorbereiten. Das bedeutet, daß Sie Ihr emotionales Gepäck aussortieren, Ihre alten Wunden heilen, eine klare Entscheidung darüber treffen, was Sie sich in einer Beziehung wünschen, und daß Sie in einem Zustand der Liebe leben. Das wird nicht über Nacht geschehen. Sie werden vielleicht mehrere Beziehungen durchlaufen müssen (...). Der Prozeß der Vorbereitung beinhaltet, daß Sie so werden wie derjenige, mit dem Sie zusammensein wollen, und entspricht der Anwendung des Gesetzes der Widerspiegelung."
>
> *Linda Georgian*

## Das Mantra „Nam-myoho-renge-kyo"

Zum Thema Transformation möche ich ein konkretes Beispiel anführen: Kennst du den Film über das Leben von Tina Turner? Sie nahm es eine Ewigkeit hin, daß ihr Mann Ike sie mißhandelte. Als sie eines Tages durch eine Freundin auf das Chanten (rhythmischer Sprechgesang) des Mantras „Nam-myoho-renge-kyo" aufmerksam gemacht wurde, begann sie Tag und Nacht zu chanten. Sie geht dieser Übung bis heute (seit circa 30 Jahren) nach. Nach kürzester Zeit ihrer buddhistischen Praxis fand sie endlich den Mut und die Kraft, sich zu wehren. Es gelang ihr, sich von Ike Turner zu trennen und sich von seiner Tyrannei endgültig zu befreien. Selbst im Angesicht des Todes! Denn Ike drohte ihr kurz vor dem Debüt ihres ersten Solo-Auftrittes damit, sie zu erschießen, wenn sie es wagen würde, die Bühne zu betreten. Sie tat es und ließ den verdutzten Revolverhelden einfach stehen. Das war der Moment, in dem Tina ihre wahre Kraft enthüllen konnte, und es war gleichzeitig der Startschuß in ihre bombastische Karriere.

Ihr Welterfolg kam nicht einfach so über Nacht. Sie hat ihn kreiert. Sogar unter Einsatz ihres Lebens! Einfach, indem sie die Ketten ihres Käfigs sprengte und wie ein Phönix aus der Asche ihre wahre Stärke offenbarte. Ihre phantastische Stimme überträgt die Löwenpower ihres Wesens auf jeden, der sie hört. Und doch war es vor allem ein innerer Kampf für sie, ihren rechtmäßigen Platz in ihrem Leben einzunehmen. Fakt ist, daß manche Dinge im Leben leider nicht ohne einen solchen Kampf zu erreichen sind.

Ich lade meine Lebens- und Liebesenergie auch durch Chanten auf. Meine Erfahrung ist, daß Lebensfreude gleich Energie ist. In dem Moment, wo ich die Silben „Nam-myoho-renge-kyo“ (sechssilbige Aussprache: Nam mjo ho ren ge kjo) rezitiere, ist das für mich so, als nähme ich ein Bad in einer inneren Sonne. Chanten ist keine Zauberformel, die ich ausspreche, und schon läuft alles problemlos nach meinem Plan. Doch es ist ein Tanz im Licht und stellt die Verbindung mit der grenzenlosen Energie und Lebensfreude her, die man auch als bedingungslose Liebesenergie bezeichnen könnte. Es ist aus meiner Sicht ein sehr intensiver, schneller und vor allem effektiver Weg, um sofort die innere Lebenskraft und Lebensfreude zu aktivieren und das eigene Leben wie in einem inneren Spiegel zu betrachten. Man kann beim Chanten auch positive Energie an andere schicken und sich damit aktiv im Praktizieren von Liebe üben. Und: Das Chanten bringt mich in den „Rhythmus, wo alles mit muß", das heißt, es bringt mich in den Fluß, der dafür sorgt, daß ich zur richtigen Zeit am richtigen Ort bin. Was wirklich phantastisch an dieser buddhistischen Ausübung ist: Egal in welcher Lage und in welcher Lebenssituation ich mich befinde, ich kann damit jeglichen Anflug von Traurigkeit oder Resignation umkehren. Obwohl ich zu Hause einen Altar habe, an dem ich mich mir und dem Leben an sich widme, benötige ich diesen nicht zwingend. Ich kann das Mantra auch im Auto, unter der Dusche oder einfach innerlich rezitieren. Ich habe in den vergangenen 20 Jahren unglaublich schöne und ermutigende Erfahrungen mit dem Chanten von „Nam-myoho-renge-kyo" gemacht. Die größte besteht darin, daß ich eine innere unerschütterliche Basis in mir habe, die es mir zu jeder Zeit erlaubt, Herausforderungen zu meinem Besten zu meistern.

Wie auch immer du es anstellst, mein Rat an dich ist:

- ♥ Betrachte dein Herz – indem du mutig in dich hineinschaust
- ♥ Geh in dein Herz – indem du die Liebe in dir suchst
- ♥ Meistere dein Herz – indem du dich liebevoll annimmst und lieben übst

# 20 Loslassen kannst du nicht gewaltsam

Wir wissen: Herzschmerz wird gelindert, wenn man bereit ist loszulassen. Wenn du eisern an einem Teil deines Lebens festhältst, der nicht mehr funktioniert, der dir deine Energien raubt, dich sehr unglücklich macht, dein Selbstwertgefühl annagt oder vollständig zersetzt, kann kein Raum für Heilung entstehen. Loslassen zu können ist eine Voraussetzung für glückliche Beziehungen. Doch was ist, wenn du noch nicht dazu bereit bist?

Loslassen kann man nicht gewaltsam! Der Versuch, sich jemanden aus dem Kopf zu schlagen oder aus dem Herzen zu reißen, muß scheitern. Das Gegenteil wird passieren: Du denkst immer intensiver an die geliebte Person und steigerst dich in Trauer, Depression, Sucht und Kontrollverhalten. Deine Gedanken kreisen fast ausschließlich um den Mangel, und es geht dir nicht besser, sondern immer schlechter dabei. Dummerweise beginnt man häufig erst dann etwas zu ändern, wenn es richtig weh tut. Man kann lernen zu lieben und es zulassen, neue Wege zu gehen, statt immer nur dem alten Trampelpfad zu folgen.

Das häufig benutzte und für viele unangenehm klingende Wort „loslassen" funktioniert nur, wenn man tatsächlich bereit ist, gewohnte Schwächen wie Klammern, Kontrollieren, Warten und Erwarten, Druck und Schuldzuweisungen aufzugeben beziehungsweise zu verwandeln. Und an diesen Punkt kommt man meistens nur über einen längeren Entwicklungsweg. Die wenigsten Frauen, die süchtig nach einem bestimmten Mann sind, sind freiwillig bereit loszulassen, auch wenn sie immer wieder beteuern, sie würden gerne von Mr. Wonderful loskommen.

Du kannst jedoch nicht einfach loslassen, nur weil deine Freundin, dein Therapeut oder wer auch immer dir dazu geraten hat. Wenn es so einfach wäre, wäre ja die zwanghafte Fixierung auf deinen Liebsten kein Thema mehr.

Warum hältst du an etwas fest, das dich traurig macht oder sogar quält? Festhalten heißt: Du blockierst dich auf deinem Weg. Was hast du davon, in deinem Drama hängenzubleiben? Du hoffst, deine hartnäckige Fokussierung würde sich auszahlen. Du glaubst, du müßtest nur lange genug jammern, klammern, hoffen, beten und warten, damit dein Herzallerliebster dich aus deiner mißlichen Lage befreit und er endlich zu der Gestalt in der schimmernden Rüstung wird, die du bereits seit geraumer Zeit in ihm zu sehen glaubst. Dieser Traum motiviert dich, weiter festzuhalten, selbst wenn sich keinerlei positive Entwicklung abzeichnet. Du hast wahnsinnige Angst davor, dein Angebeteter könnte sich von dir trennen und dein Leben einen anderen Verlauf nehmen, als von dir geplant.

Wenn du dir das krampfhafte Festhalten bildlich einmal so vorstellst, daß du dich aus Furcht vor dem vermeintlichen Abgrund an ein Rettungsseil klammerst, ist es verständlich, daß du dieses Seil, deinen Zipfel Hoffnungsschimmer, nicht loslassen willst und auf einen Rettungshubschrauber, gesteuert von deinem Helden, hoffst. Könntest du allerdings den Mut aufbringen loszulassen, würdest du erfahren, daß der klaffende Abgrund, vor dem du dich so gefürchtet hast, nichts als Illusion war. In Wirklichkeit hast du nämlich nur drei Zentimeter über dem Boden geschwebt, und dein Drama vom Sturz in tausend Meter Tiefe war nur von deiner Phantasie inszeniert. Dir schien es so, als sei dein Leben ohne seine Liebe wertlos und als gäbe es dann nichts mehr als Leere und Dunkelheit in dir.

Anfangs fühlt es sich tatsächlich so an, wenn eine Beziehung zu Ende geht. Wir kennen alle den gräßlichen Schmerz, den eine Trennung auslöst. Doch dieser Schmerz bleibt nicht in alle Ewigkeit, und ich möchte meiner Großmutter beipflichten, daß „ein Ende mit Schrecken dem Schrecken ohne Ende vorzuziehen ist“. Gelingt es dir hingegen, freiwillig loszulassen, öffnest du dich damit dem Vertrauen ins Leben, das dir eine innere Basis anbietet. Es liegt an dir, ob du sie ausbauen möchtest oder nicht. Schließlich sind wir Reisende auf dem Raumschiff Liebesabenteuer und machen nicht umsonst auch traurige Erfahrungen auf unserem Weg zu einer Liebe, die von innen kommt und Bestand hat.

Leider ist die Angst vor dem Fall, dem Verlust oder vor was auch immer in der Regel stärker als unser Verstand, der uns mit allen Mitteln daran zu hindern sucht, daß Bewegung ins Spiel kommt und das Leben seinen Lauf nimmt. So gesehen heißt Festhalten Stillstand, der nur von einer kontinuierlichen Verschlechterung der Situation unterbrochen wird. Loslassen kann man jedoch nur selten über das „Wollen“. Man muß also dummerweise erst einmal an den Punkt kommen, wo das Festhalten so weh tut, daß man notgedrungen damit aufhört.

Mit Loslassen meine ich auch, jemandem seine Freiheit lassen zu können, und zwar bereits *in* der Beziehung, nicht erst dann, wenn der Partner weiterziehen möchte. Stell dir einfach mal umgekehrt vor, jemand würde dich festhalten? Fühlt sich das gut an? Findest du, jemand hat das Recht dazu? Fühlst du dich auf diese Weise geliebt? Entsteht bei dieser Vorstellung in dir nicht eher der Wunsch, dich loszueisen?

Eifersucht mag ja romantisch und irgendwie schmeichelnd sein. Dahinter stecken aber nichts als Angst, Minderwertigkeitsgefühle und Besitzanspruch. Zu glauben, alleinigen Anspruch auf jemanden zu haben, ist ein Trugschluß, der nichts weiter bewirkt, als den anderen einzuengen – mit oder ohne Fangeisen. Wenn ein Mann sich dir aus freiem Herzen zuwendet, ist das wunderbar und ein Ausdruck seiner tiefen Liebe für dich. Versuchst du ihn dazu zu zwingen, ist es nur eine Frage der Zeit, bis er sich von dir zurückziehen wird. Erst wenn der Mann an deiner Seite das Gefühl haben kann, daß du ihn in keinster Weise gängeln möchtest, wird er sich in deiner Nähe wirklich wohl fühlen und dir geben *wollen*, was er dir zu geben hat.

Was bedeutet Loslassen in unserem Zusammenhang überhaupt? Loslassen heißt weder Vergessen noch Gleichgültigkeit. Es steht für die Fähigkeit, in Freude und Liebe an jemanden denken zu können, ohne ihn mit aller Gewalt an sich binden zu wollen. Loslassen bedeutet nicht immer, jemanden ganz aufzugeben, sondern sich und andere von Fesseln zu befreien, indem wir fähig werden, fixierende Gedanken aufzugeben.

> „Wir hören auf, uns von dem beherrschen zu lassen, was uns dieser Mensch nicht gibt. Wir übernehmen Verantwortung für unser Leben. Wir fahren damit fort, liebevoll und sorgsam mit uns selbst umzugehen. (...) Wir geben dem Partner die Freiheit und befreien uns von den Zwängen. Das ist der Kerngedanke liebevoller Loslösung."
>
> *Melody Beattie*

Loslassen ist immer der Anfang einer positiven Veränderung: der Übergang vom Mißtrauen ins Vertrauen. Die Investition von Vertrauen ins Leben bringt das sofortige Gefühl von Erleichterung mit sich – für beide Beteiligten, nicht nur für die Person, an der du hängst. Oder besser: Du leitest damit eine Transformation ein. Was festgefahren und starr war, beginnt sich zu bewegen, wenn du Menschen und Vorstellungen nicht mehr gewaltsam festhältst, sondern ihnen freien Lauf läßt. Dann gerät alles wieder in Fluß, und angestaute, negative Emotionen in dir verwandeln sich. Sage ich ja zum Fluß des Lebens, der Energie? Die einzige Konstante im Leben ist Veränderung. Alles verändert sich in jedem Moment, auch du und deine Beziehungen. Im übrigen steckt in dem Wort Loslassen auch die Bedeutung, jemanden zu *lassen*. Ihn so zu lassen, wie er ist – ohne an ihm herumzudoktern.

Noch einmal: Wenn wir krampfhaft festhalten, halten wir Energie zurück, und was wir festhalten, kann sich nicht bewegen. Mit dem erfolgreichen Loslassen kommt das Gefühl der Würde und der Befreiung in dein Leben. Es kann sogar sein, daß eine Person, die du in Liebe losgelassen hast, wieder zu dir zurückkommt. Eben weil du diesem Menschen die freie Entscheidung läßt, und von diesem Moment an weißt du, daß es sich bei eurer Verbindung um wirkliche Liebe handelt. Es kann, muß allerdings nicht immer so kommen.

Jedenfalls lohnt sich loslassen immer, weil dein Schatz sich auf diese Weise wieder frei bewegen kann und *du* auch! Stell dir vor, du starrst wie das Kaninchen auf die Schlange fixiert auf den Mann, der gar nicht deiner ist, während der wahre Mr. Right sich bereits in deinem Umfeld befindet und versucht, sich dir zu nähern. Du blockierst dich also selbst, denn durch deine Scheuklappen nimmst du ihn nicht wahr und riskierst, ihm niemals zu begegnen. Während du also einem Verflossenen nachtrauerst, kannst du einen neuen Menschen in deinem Leben gar nicht wahrnehmen, und je länger du an dem alten hängst, desto länger wird es auch dauern, bis du dich wieder einem anderen öffnen kannst.

Was tun, wenn du nicht loslassen kannst? – Die unbändige Sehnsucht gar verdrängen? Den Kopf in den Sand stecken? Davon wird auch nichts besser. Die Zeit alle Wunden heilen lassen? Keine schlechte Idee. Der Schmerz läßt dann auf Dauer etwas nach, und der Verstand erhält langsam wieder die Oberhand. Doch nicht auf Dauer. Ist das die Lösung?

Ich glaube fast, die Antwort lautet für viele leider einfach: weiter leiden. So lange, bis man vom Festhalten absolut bedient ist und erkannt hat, daß es trotz aller Anstrengung nicht das erwünschte Ergebnis, sondern eher das Gegenteil bringt. Wir sind da wie Kinder, die ihre eigenen Erfahrungen machen müssen und oft erst dann lernen, wenn der Lehrer Schmerz (häufig auch Krankheit) in unser Leben tritt. Die Zeit der Erfahrungen, in denen man sich durch die eigene Sturheit immer wieder aufs neue die Finger verbrennt, scheinen manche Menschen unbedingt zu brauchen. Sie erdulden ihr Leiden, bis sie einsehen müssen, daß es sie nicht weiterbringt, auf jemanden zu hoffen, der sich nicht so verhalten will oder kann, wie sie sich das vorstellen.

Wenn jedoch körperliche Gewalt im Spiel ist oder sogar deine Beziehung an einem Punkt angelangt ist, wo deine Gesundheit oder gar dein Leben auf dem Spiel steht, hört der Spaß auf. Dann solltest du dir so schnell wie möglich professionelle Hilfe holen. Es kann nicht sein, daß unter dem Deckmantel der Liebe Mißbrauch in irgendeiner Form geduldet wird. Dann *mußt* du dich einfach aus der Verbindung lösen – ob du willst oder nicht!

Gehörst du allerdings zu der hartnäckigen Sorte, die mit aller Gewalt an jemandem festhält, der dir wirklich schadet, ist es durchaus möglich, daß in der äußeren Realität etwas passiert, damit Bewegung in die eingefahrene Situation kommt. Du wirst damit quasi zu einem überfälligen Schritt gezwungen. Diese äußeren Faktoren können zum Beispiel Krankheit, extreme Verschlechterung der Situation, Verlassenwerden oder dergleichen sein. Wenn *wir* uns nicht bewegen, bewegt uns das Leben. Letztlich immer zu unserem Besten, denn das Leben ist Veränderung.

Wie sollen wir loslassen? Welche Art des Festhaltens tut weh?

Es gibt eine kleine Übung, die den Unterschied zwischen den zwei Arten des Loslassens verdeutlicht. Sie heißt: „Die Faust öffnen". Nimm einen Kugelschreiber in die Hand und halte ihn fest. Jetzt öffne die Hand und laß ihn los. Fällt er auf den Boden, verwechselst du Loslassen mit Verlieren. Bleibt er in deiner nach oben geöffneten Hand liegen, hältst du nicht fest, kannst den Stift aber weiter verwenden.

Noch ein Bild: Wenn du etwas in der Hand hast, kannst du nichts Neues in Empfang nehmen, denn dafür ist ja kein Raum. Öffnest du deine Hand und läßt das, was du festhältst, los, ist deine Hand wieder bereit, etwas anderes aufzunehmen.

Erklärungen nützen wenig, wenn wir sie nicht auf unsere Erfahrungen beziehen können. Nur was wir am eigenen Leib erlebt haben, verstehen wir. Der Knackpunkt beim Loslassen ist folgender: Es ist ein entscheidender Schritt, aus dem Leiden auszusteigen. Du kannst dabei nur gewinnen. Ob und wann du das tust, bleibt wie immer allein dir überlassen.

> „Wenn eine Frau, die zu sehr liebt, ihren Kreuzzug aufgibt, wenn sie ihren Partner nicht mehr zu ändern versucht, dann ist er tatsächlich gezwungen, über die Konsequenzen seines eigenen Ver-

haltens nachzudenken. Wenn sie nicht mehr frustriert und unglücklich ist, sondern sich über ihr Leben freuen kann, verschärft sich der Kontrast zu seiner eigenen Existenz. Vielleicht beschließt er, für seine Ablösung von seinen Zwängen zu kämpfen, um offener, zugänglicher zu werden. Vielleicht aber auch nicht. Doch, ganz gleich, wofür er sich entscheidet: Eine Frau, die ihren Partner so akzeptiert, wie er ist, wird frei, ihr eigenes Leben zu leben, glücklich bis ans Ende ihrer Tage."

*Robin Norwood*

# 21 Schätze dein Leben!

Das Gegenteil von dem etwas altmodisch anmutenden Begriff Wertschätzung ist Geringschätzung. Mit Geringschätzung oder sogar mit Verachtung und mangelndem Respekt behandelst du dich, wenn du die Verwirklichung deiner Bedürfnisse und Herzenswünsche vernachlässigst. Ist mangelnde Wertschätzung das, was dir von deinem Objekt der Begierde entgegengebracht wird, kannst du am Grad der fehlenden Aufmerksamkeit ablesen, wie sehr oder wie wenig du dich selbst schätzt. Zum einen aufgrund der erwähnten Spiegelfunktion, zum anderen, weil du dir einen Menschen aussuchst, der dich abwertet und verunsichert, statt dich liebevoll anzunehmen und zu verehren.

Du hast richtig gelesen. Verehren! Und damit meine ich nicht, daß du von jemanden auf ein Podest gestellt wirst und er einen ungesunden Eiertanz um dich herum aufführt. Die Verehrung, die ich meine, ist weder Idealisierung noch Projektion noch der Tanz um das Goldene Kalb. Sie bezieht sich auch nicht nur auf dein Äußeres oder irgendwelche Fähigkeiten, die du hast. Vielmehr gibt es Menschen, die dich als Person, so wie du bist – ganz ohne Trallala und Hopsassa – zutiefst schätzen und lieben. Es gibt Partner, die sehen, wie du bist und *wer* du bist und die in der Lage dazu sind, dein Wesen mit all seinen Facetten anzunehmen.

Da stellt sich nur wieder die lästige Frage, ob du dies auch glauben beziehungsweise aushalten kannst. Es wird sich vielleicht erst einmal befremdlich für dich anfühlen, wenn du einen solchen Menschen in dein Leben ziehst. Und es kann sogar sein, daß du die Qualitäten eines solchen Exemplars nicht erkennst und es deshalb an dir vorüberziehen läßt. Solltest du jedoch offen für eine solche Erfahrung sein und die anfänglichen Beklemmungen überwinden, die seine offene Wertschätzung auslösen könnten, wirst du eine wunderschöne Erfahrung machen, denn dann bist du zur Abwechslung einmal die Hauptperson in deinem Film. Das ist eine erstrebenswerte Rolle, die dir große Freude verschaffen kann, findest du nicht?

Die simple und dennoch nicht zu unterschätzende Übung, die ich dir dazu empfehlen möchte, lautet: Schätze dein Leben! Egal in welcher Situation.

Für die meisten Menschen stellt diese Wertschätzung ein enormes Problem dar. Es fühlt sich zunächst sehr konstruiert an, wenn man sich darin versucht, sich aufzuwerten, liebevoll zu behandeln und gut zu sich zu sein, sofern man normalerweise dazu neigt, ungeduldig, abwertend und fordernd sich selbst gegenüber zu sein. Irgendwie *wollen* wir unser eigenes Leben nicht schätzen. Den Job soll jemand anderes erledigen: Johnny Herzblatt!

Wir bekommen jedoch nur höchst selten Wertschätzung von außen. Wir werden entsprechend den Ereignissen in unserem Alltag bewertet und meistens nur dann gewürdigt, wenn es einen eindeutigen Beweggrund dafür gibt wie ein Erfolgserlebnis, für das wir ein Lob oder eine Auszeichnung erhalten. Mit Wertschätzung deiner Person ist jedoch keine Belohnung gemeint für irgend etwas, das du erst leisten müßtest. Unser Leben besitzt unglaubliche Weisheit, doch leider vertrauen wir uns selbst nicht ausreichend und lassen diese Kraft nur selten zu. Illusionen über uns und das Leben sind so zahlreich wie Sandkörner, und ich denke, es gibt im allgemeinen zwei große Mißverständnisse, die uns davon abhalten können, ein glückliches Leben zu führen: Wir machen uns zu sehr von anderen Menschen und deren Beurteilung abhängig. Ferner wissen viele von uns nicht, wer sie wirklich sind und was der Sinn ihrer Existenz ist, und wenn sie es doch wissen, neigen sie dazu, diesen zu verleugnen.

Wir lassen uns nicht selten zu einem Leben verleiten, das nicht viel mit unseren ursprünglichen Idealen zu tun hat, sei es aus dem Wunsch nach Sicherheit und Geld heraus, aus Angst vor Arbeitslosigkeit, wegen Druck und Erwartungen seitens Eltern, Vorgesetzter, gesellschaftlicher Position etc. Schließlich tendieren wir dazu, unser Leben auf eine Weise zu führen, wie wir es uns eigentlich nicht vorgestellt hatten. Dies hat dann nicht mehr viel mit unserer eigentlichen Identität zu tun. Dennoch lassen wir es zu, daß diese fehlbesetzte Rolle zu unserer Realität wird. Wie oft fragst du dich, ob du dich nicht im falschen Film befindest und ob sich dein Leben nicht doch noch ändern ließe? Und was tust du konkret dafür, damit dies geschehen kann? Warum greifst du nicht ein und rettest dich? Wann entwickelst du den Mut, für dich und die Visionen deines Leben aufzustehen und zu gehen?

Besonders schwer scheint es uns zu fallen, für unsere Bedürfnisse einzutreten, wenn wir uns einsam fühlen, schwarzsehen und tausend trübe Gedanken in uns tragen. Wie bitteschön sollen wir uns da mit aufbauenden Worten zur Seite stehen, wenn wir doch überhaupt nicht an uns und unser Recht auf Glück glauben können? Leicht ist es tatsächlich nicht, sich am eigenen Schopf aus dem Sumpf zu ziehen. Doch wer soll damit anfangen, wenn nicht wir selbst? Es wird keiner an unsere Tür klopfen mit den erlösenden Worten: „Sie hatten Selbstwert und Eigenliebe im Doppelpack bestellt?“ Gerade dann, wenn dein Leben auseinanderzubrechen droht, versuche, in diesem Augenblick mit Wertschätzung für dein eigenes Leben zu reagieren statt mit Verzweiflung und Hilflosigkeit. Zieh dich hoch statt runter! Und sei es auch nur zentimeterweise.

Wo sollst du anfangen? Laß dein Herz sprechen. Was möchtest du seit langem erleben und tust es nicht, weil dein Verstand oder dein geringes Selbstwertgefühl es dir verbieten? *Jetzt* ist ein guter Zeitpunkt, um damit anzufangen. Ich meine damit nicht, dich in die nächste Beziehung zu stürzen. Ich meine vielmehr, dich mit ganzem Einsatz dem zu widmen, was du in deinem Leben kreieren möchtest. Gib dir die Erlaubnis dazu!

Was gibt dir totale Erfüllung? Weißt du das überhaupt? Wenn nicht, ist es höchste Zeit, dies herauszufinden und es zu tun. Ganz simpel. Versuche es nicht, mach es! Was auch immer es ist, gib diesem Wunsch die Chance, sich zu verwirklichen. Oft suchen sich Frauen, die sich haltlos in die Fluten süchtiger Emotionen stürzen, Männer, die eine Leidenschaft, einen Beruf oder ein Hobby haben, die sie selbst gerne ausüben würden. So umgeben sie sich wenigstens mit einem interessanten Tausendsassa und sind in der Nähe des Geschehens – wenn auch nur als Zuschauer. Wann kommst du aus deiner Lethargie heraus und stürzt dich mitten hinein ins Geschehen? Das Leben mag ewig sein, doch deine Lebenszeit hier ist begrenzt und nicht für die Zuschauertribüne geschaffen. Also leg los und pack es an!

Dein Wunsch, gut und liebevoll zu dir zu sein, und dein tatsächliches Engagement, dich mit dem zu versorgen, was du brauchst, machen den Unterschied. Wenn du damit startest, zieht deine Umgebung mit. Versprochen! Doch *du* solltest den ersten Schritt tun!

Geh ins Kino oder ins Konzert, wenn dir danach ist, selbst wenn du erst mal allein gehen mußt. Reise in dein Traumland, auch notfalls allein. Begib dich unter Leute, selbst wenn du Hemmungen haben solltest oder es dir peinlich ist, allein unterwegs zu sein. Auch wenn es dir schwerfallen mag: Geh raus aus deiner Isolation und bemühe dich um dein soziales Umfeld!

Es ist eine große Hilfe, deine Abhängigkeit in Sachen Liebe zu reduzieren oder sogar ganz zu überwinden, wenn du einen starken Freundeskreis hast oder damit beginnst, einen solchen aufzubauen. Vielleicht hast du Freunde, die deine Freundschaft und Fürsorge in Anspruch nehmen, jedoch nicht auf die Idee kommen, daß du ebenfalls Unterstützung brauchst. Laß es sie wissen, oder umgib dich mit Menschen, die dich zum Lachen bringen und mit denen du auch einmal Spaß haben kannst, statt nur mit solchen, die ihre Probleme auf dich abwälzen wollen. Erfülle dir kleine und große Wünsche, selbst wenn dein Kopf kritisch meckern sollte, daß du es nicht wert bist, Geld für dich auszugeben. Mit all diesen kleinen Aktionen beweist du dir, daß du höchst lebendig bist und das Recht hast, dir das zu gönnen, wonach du dich sehnst.

Auf einer tieferen Ebene bedeutet sich zu lieben natürlich nicht nur, sich alle Wünsche zu erfüllen und sich mit netten Leuten zu umgeben. Es geht in allererster Linie um einen liebevollen Umgang mit sich selbst, der sich durch alle Bereiche des Lebens zieht. Sei gut zu dir selbst, umarme dein Leben und dein Wesen, kümmere dich um die Wunden deines inneren Kindes, und übernimm die Verantwortung für dein Leben, damit es so lebenswert wird, wie du es dir erträumst. Wenn andere dich verletzen oder respektlos dir gegenüber sind, stehe für dich ein und lasse nicht zu, daß sie ihr Spiel mit dir spielen. Stehe zu dir wie deine beste Freundin. Oft ist es auch wichtig, daß du gesunde Grenzen ziehst zwischen deinem Engagement für andere und für dich selbst, so daß du nicht immer wieder in der Sackgasse des aufopfernden Helfersyndroms landest.

Du kannst heute damit anfangen, deine Existenz zu lieben. Schätze zuallererst dein eigenes Leben – ohne Wenn und Aber und ohne jeden Grund. Bring dir selbst gegenüber Verständnis auf, wenn dir etwas nicht gelingt! Zeige dir selbst gegenüber Wertschätzung, wenn du etwas immer und immer wieder versuchst und es dir trotzdem mißlingt. Übe Nachsicht mit dir, selbst dann, wenn du dich deiner Fehler schämst! Das hat etwas mit bedingungsloser Liebe zu tun. Geduld, Glaube und Ermutigung sind Qualitäten, die du dir selbst entgegenbringen solltest. Je selbstverständlicher das für dich wird, desto klarer wird die Entsprechung in deiner Umgebung sein.

Da dein inneres Kind weiterhin Gehör finden will, wirst du gut daran tun, dich mit ihm zu beschäftigen, sei es durch Therapie, Meditation, Lesen oder Schreiben. Ich liebe es zu schreiben, weil es mir ermöglicht, über Probleme zu reflektieren und meinen seelischen Druck zu erleichtern. Indem ich meinen Kummer auf ein Stück Papier bringe (oder in die Tasten haue), werde ich ihn bereits teilweise los. Ich schreibe ihn mir von der Seele und relativiere ihn dadurch.

Effektiv beim Schreiben ist es, deinen Analysen Überschriften zu geben. Bei Trennung zum Beispiel könnte ein Satz darüber stehen wie: „ICH KANN, und mein Leben geht weiter." Oder: „Wohin führt mich mein Weg jetzt? Was ermöglicht mir meine Trennung? Wo will ich in fünf Jahren stehen?"

Egal, ob Tagebuchschreiben, Gespräche mit einer Freundin oder Nachdenken in der Sauna: Finde heraus, was dir hilft, und setze es Schritt für Schritt um.

Wenn wir uns selbst lieben, sind wir in der Lage, alles um uns herum zu beeinflussen. Bist du Liebe, hast du alle Macht der Welt, die Dinge zum Positiven zu wenden. Du hast jedoch keinerlei Macht, andere gegen ihren Willen zu ändern. Schon gar nicht mit Kritik und Druck. Wenn du dich wertschätzen kannst, folgt dieser Einstellung eine entsprechende Wirkung in deinem Umfeld.

„Manche streben vielleicht danach, weiser zu werden, spiritueller, wahrhaftiger, mutiger, mehr zu wissen, mehr Fähigkeiten zu haben oder liebevoller zu sein. Und zu diesem Zweck unternehmen sie vielleicht eine Reise zu ihrem eigenen Kern oder Zentrum und kommen dahin, sich so zu lieben und zu schätzen, wie sie sind. Ein Mensch, der seinen innersten Kern nicht erlebt, sagt: ‚Ich fühle mich wie nichts – es sei denn, ich habe jemanden.' Ein Mensch, der seinen innersten Kern erlebt, aber nicht schätzt, sagt: 'Ich fühle mich wie bei einem Blind Date mit einer Person, die ich nicht mag und zu der ich höflich sein muß.' Ein Mensch, der Verbindung hat zu seinem Kern und ihn mag, sagt: 'Ich bin ein guter Gesellschafter für mich selbst, und wenn ich auch sehr glücklich bin mit ..., so ist es gut zu wissen: Selbst wenn es mit ... nicht klappt, bin ich immer noch mit jemanden zusammen, den ich mag.'"

*Dr. Howard M. Halpern*

## Das Oberflächliche abzulegen und die Tiefe zu suchen erfordert Mut

Eins ist klar: Aus dem Film auszusteigen – Projektionen und Illusionen abzulegen und das anzuschauen, was ist –, dazu gehört viel Mut und Vertrauen. Mut ist nicht die Abwesenheit von Angst, sondern der Entschluß, sie zu überwinden. Nur durch Angst kann es überhaupt Mut geben! Denn wie mutig ist jemand, der Dinge tut, vor denen er sich niemals gefürchtet hat?

Wie schnell dein Leben sich in die Richtung bewegt, die du dir ersehnst, hat vor allem mit deiner tiefen inneren Entschlossenheit zu tun. Ich meine damit nicht die Entschlossenheit, die allein in deinem Kopf existiert, sondern die innere, tiefe Entscheidung, daß du so und nicht anders leben möchtest. Du hast es in der Hand, für dein Glück einzutreten. Du wirst vom Leben immer wieder auf die Probe gestellt durch die Ereignisse, die kommen und gehen. Es ist, als würdest du vom Universum getestet, wie sturmfest deine inneren Überzeugungen tatsächlich sind. Denn kaum machst du auf einem Gebiet einen kleinen Fortschritt, folgt sofort ein „Testereignis“, das dich zu fragen scheint: „Bist du sicher? Kannst du widerstehen?“ Nicht selten wirft dich ein solcher Moment wieder aus dem Sattel.

# 22 Liebe erzeugt Liebe

## *Voraussetzungen für liebevolle Beziehungen*

„Denn Liebe ist Überfluß, Überströmen, Überfülle, die verklärend von ihrem Reichtum abgibt – seelisch ebenso wie leiblich abgibt und überströmt“.

*Diotima*

Wenn du ein Leben führst, das dich erfüllt, wird es dir nicht schwer fallen, damit anzufangen, dir aufrichtig und von ganzem Herzen zu wünschen, daß das Leben deines Partners glücklich und erfüllt ist – ohne dabei einen Hauch von Eifersucht oder des Gefühls von Vernachlässigung zu hegen. Wenn du also tatsächlich fähig bist, dir zu wünschen, daß das Leben deines Liebsten vollständig erblüht, und du dieses Glück zuläßt, ohne gleich die Befürchtung zu haben, daß er dich nun nicht mehr braucht, dann ist das ein Ausdruck von bedingungsloser Liebe.

Diese Fähigkeit bedeutet auch, in der Lage zu sein zu lieben, statt nur selbst geliebt werden zu wollen. Oder liebst du nur, um geliebt zu werden? Dann handelt es sich bei deinem intensiven Begehren nach Zuneigung nicht um Liebe, sondern um Bedürftigkeit – nur zur Erinnerung!

Bereits in dem Moment, wo du Liebe *bist*, beginnt sich das Rad zu drehen, denn du aktivierst das Geben in dir. Ganz ohne Erwartung einer Gegenleistung. Das macht Spaß, und das Beste daran ist: Da diese aktive Liebe aus dem Herzen kommt, spürt auch der Sender, also du, eine Wirkung. Der Duft wahrer Liebe ist unwiderstehlich!

Damit dies geschehen kann, reicht es schon, daß du bedingungslose oder aufrichtige Liebe erleben *willst* – ein Gefühl der Fülle, das aus dir kommt und immer mehr wird statt weniger. Wenn du tiefe Erfahrungen mit der Liebe in dir machst, bist du imstande, dein Herz zu verschenken. Dieses erhabene Gefühl ist so groß, daß es dich grundlos glücklich macht.

> „Liebe ist ein Zustand des göttlichen, alles miteinander verschmelzenden Seins. In ihr löst sich die Dualität auf und damit die Notwendigkeit des Denkens. Es ist ein Gefühl höchsten Glücks und entsteht durch Herausbildung der Herzensqualität. Es kann zwischen unerlöster, besitzergreifender Liebe und erlöster, besitzloser Liebe unterschieden werden, je nach Entwicklungsstand und Bewußtsein des Menschen."
>
> *Beate Bunzel-Dürlich*

Es gibt verschiedene Wege, sich dem großen Ganzen zu widmen. Sie alle haben die Absicht, eine Rückkehr zur Einheit herzustellen, sei es über die Verbindung mit der Natur, anderen Menschen oder gar dem Kosmos. Eins mit der alles vereinenden Liebe zu sein heißt also, jegliches Gefühl des Abgetrenntseins zu überwinden und zu deiner ursprünglichen Einheit zurückzukehren. Die Weite und die Erhabenheit der Natur vermögen unseren Horizont zu erweitern und uns daran zu erinnern, daß es so viel mehr gibt als nur die leidvolle Fixierung auf eine Liebesbeziehung. Die Natur kann die Verbindung zu einem geliebten Menschen natürlich nicht ersetzen. Doch statt zu denken: „Wenn ich jetzt mit X hier wäre, würde ich das alles viel mehr genießen", versuche doch mal die Schönheit unseres Planteten wirklich auf *dich* einwirken zu lassen, *dich* einzulassen und zu verschmelzen.

„Natürlich kannst du dich nicht zwingen, an eine 'höhere Macht' zu glauben oder Trost und Erfüllung in der Natur, im Kosmos oder im Miteinander aller Kreaturen zu finden, wenn dich dies alles in Wirklichkeit nicht besonders interessiert. Aber du kannst dir die Mühe machen, dich einer großen Breite von Phänomenen und Erfahrungen zu öffnen, die deine Grenze erweitern und viele Quellen der Befriedigung für deinen Hunger nach Verbundenheit öffnen."

*Dr. Howard M. Halpern*

Vielleicht haben Beziehungen sogar den höheren Zweck, uns aus der Illusion zu lösen, die Liebe sei nur in und durch einen anderen zu finden. Die Liebe ist immer da, in dir, in ihm, in anderen, in jedem Wesen um dich herum. Genau wie alle anderen Energien, die wir in uns tragen. Es geht in diesem Leben wohl vor allem um die Weitergabe von Liebe, darum, daß wir unsere Herzen öffnen.

Es ist absolut möglich, mit einem „offenen Herzen" zu leben, ohne verletzt zu werden. Einfach weil andere dich nicht auf dieselbe Weise treffen können, wenn du Liebe *bist*. Mit solch einer magnetischen Ausstrahlung findet dich mit Sicherheit der Mann, mit dem du auf einer, deiner, Welle reiten kannst. Nicht nur, weil er Qualitäten mitbringt, die deinen Bestell-Listen entsprechen, sondern weil du auf eine Weise liebst, die dich unwiderstehlich macht: offen, frei, respektvoll und unbeschwert – und das nicht nur für 90 Tage.

Wenn es so etwas wie „Voraussetzungen für liebevolle Beziehungen" gibt, dann würde ich sie folgendermaßen benennen:

- Der Wunsch nach tiefer und verschmelzender Liebe zum Leben und zu dir selbst

- Der Kontakt zur besitzlosen Liebe in dir, die dich so sehr erfüllt, daß du sie unbedingt weitergeben möchtest
- Authentizität: Du bleibst dieselbe – egal, wie *er* sich verhält
- Die Fähigkeit allein zu stehen – um gemeinsam zu gehen
- Die Fähigkeit, immer wieder Freiraum für deine Entwicklung zu schaffen – und dem anderen Freiraum zu lassen
- Toleranz, Respekt und die Bereitwilligkeit, den anderen so zu lassen und zu lieben, wie er ist, statt ihn ständig ändern oder manipulieren zu wollen
- Leidenschaft, ohne zu leiden, die sich durch ein tiefes Miteinander auszeichnet
- Die Fähigkeit, erwartungslos geben zu können, ohne Schuldgefühle anzunehmen
- Geduld mit dir und auch mit deinem Partner (Der Weg zur bedingungslosen Liebe braucht Zeit. Nimm es dir nicht übel, wenn alte Muster in dir wieder ihr Recht einfordern. Sie waren sehr lange ein Teil von dir und werden nie ganz verschwinden.)
- Der freiwillige Einsatz für den Partner ohne Hintergedanken und ohne die versteckte Absicht, von den eigenen Schwierigkeiten abzulenken
- Ein Geben und Nehmen, das sich die Waage hält
- Die Bereitschaft, an den guten Seiten wie auch den Schwächen des jeweils anderen zu wachsen
- Die Fähigkeit zu erkennen, wenn du von deinen süchtigen Tendenzen eingeholt wirst, und die Bereitschaft, zu deiner inneren Basis zurückzufinden
- Gelassenheit: Dein Leben ist lebenswert, ob er an deiner Seite ist oder nicht

Antoine de Saint-Exupéry schreibt in Der Kleine Prinz: „Liebe ist nicht, wenn sich zwei Menschen ansehen, sondern wenn zwei Menschen gemeinsam nach vorne, in dieselbe Richtung schauen."

Ein gemeinsames Ziel zu haben halte ich ebenfalls für eine wichtige Bedingung für eine glückliche Zukunft. Wenn dein Partner aus seinem aufrichtigen Wunsch heraus eine Vision mit dir teilt, wird euch nichts und niemand davon abhalten können, diesen Traum zu verwirklichen. Zuallermindest sollte es eine Vision davon geben, wie die gemeinsame Beziehung aussehen soll. Was ist ihr Sinn? Hat sie vielleicht sogar einen höheren Zweck?

Eine weitere Voraussetzung für eine gesunde Beziehung sehe ich darin, sich die folgenden Fragen zu stellen:

- Was kann ICH mir bieten?
- Was biete ICH meinem Partner?
- Was habe ICH bisher erreicht?
- Was möchte ICH noch erleben?
- Wie soll MEIN Leben aussehen?
- Was bin ICH bereit, dafür zu tun?
- Was ist MEINE wahre Bestimmung?
- Was ist MEINE Leidenschaft? (und zwar nicht die, die Leiden schafft!)

Um diese Fragen beziehungsweise Antworten darauf geht es doch, wenn wir eine stabile und tiefe Bindung mit einem Partner aufbauen möchten. Wer bin ich, und wie zufrieden bin ich mit mir und meinem Leben? Einen Mann zu brauchen, um damit das eigene Leben aufzuwerten, funktioniert höchstens kurzfristig und ist immer mit einer Rechnung verbunden, die unverhältnismäßig hoch sein kann.

Ich möchte dich nicht dazu auffordern, perfekt zu werden, sondern das Leben an sich und jeden neuen Tag zu schätzen: Carpe diem! Ich möchte dich nur daran erinnern, wie wesentlich es ist, daß du dein Leben nach deinen Vorstellungen und Anlagen führst: Get your own life!

Lebe so, als sei heute der erste und der letzte Tag deines Lebens, und gehe am Abend ohne Reue ins Bett! Gestalte und entwickle dein Leben, und verliebe dich Hals über Kopf in seine Vielfalt! Die Männer werden bei dir Schlange stehen, und weißt du was? Es wird dir nicht mehr wichtig sein, obwohl du diese Aufmerksamkeit genießen wirst, während du – allein oder mit deinem Liebsten – Seite an Seite durch´s Leben gehst.

Zu schön, um wahr zu sein? Probier es aus. Es lohnt sich!

# 23 Time out: Weite deinen Blick und öffne dein Herz

Das Leben bringt uns nur zu oft in Situationen, in denen unsere Fortschritte bei den Lernaufgaben in Sachen Liebe aufs Heftigste getestet werden. Es gibt Zeiten, da sieht man den Wald vor lauter Bäumen nicht mehr, und für diese Momente möchte ich dir ein paar Tips geben, damit du gerüstet bist und deinen Gewohnheiten, die dich nicht weiterbringen, ein Schnippchen schlagen kannst.

Unser Herz spricht die Sprache der Seele. Doch für Liebesjunkies ist das Herz allein nicht immer der beste Ratgeber, weil sie vor lauter Emotionen alle guten Vorsätze über den Haufen werfen. Nehmen wir also unseren Kopf mit an Bord, wenn wir uns auf die rauhe See der menschlichen Beziehungen begeben. Unser Herz ist der Kompaß und unser Kopf der Rettungsanker, um nicht von unserem Sehnsuchtsstrom in die Strudel gerissen zu werden, aus denen wir so schwer wieder herausfinden. Laden wir Kopf und Herz zu einem herzlichen Miteinander ein, in dem sie einander beraten, sich zur Seite stehen und Dialoge führen. Dialog ist die Straße zum Frieden, also auch zur Liebe. Laß deinen Verstand mitreden in Situationen, die für dein Herz allein zu gefährlich werden könnten.

Am Anfang jeder Heilung steht immer die Erkenntnis. In deinem Fall ist es die Einsicht: „Ja, ich habe liebessüchtige Tendenzen in mir", „ja, ich bin sehr liebesbedürftig" oder sogar: „ja, ich bin liebessüchtig." Damit hast du eine klare Diagnose und kannst den Herausforderungen deines Liebeslebens aktiv entgegentreten. Denn du weißt, daß *du* aufgefordert bist, einen Schalter in *dir* umzulegen, etwas in *dir* zu ändern.

Therapien sind sicher richtig und wichtig, und ich kann nur jedem empfehlen, eine zu machen, wenn der Wunsch dazu da ist beziehungsweise wenn du allein einfach nicht weiterkommmst. Darüber hinaus fasse ich hier das Wichtigste aus diesem Buch zusammen als Tips zum Runterkommen, zum Erden oder genauer gesagt, um dir eine kleine Auszeit zu nehmen.

## Time outs

- Triffst du einen Mann, der dir gefällt, projiziere nicht sofort all deine Sehnsüchte und Zukunftswünsche auf ihn. Das hält der stärkste Mann nicht aus! Tust du es doch, schlägst du ihn damit schneller in die Flucht, als du gucken kannst.
- Wenn du dich dabei ertappst, einen Partner zwanghaft in den Mittelpunkt deines Lebens zu stellen, erinnere dich daran, daß *du* das Zentrum deines Lebens sein solltest. Es kann hilfreich sein, dich laut zu fragen: „Ja bin ich denn nur dazu geboren, um mich um einen Mann zu drehen?“ Das wahre Glück liegt in dir, ich wiederhole mich. Du mußt keinen Preis dafür bezahlen, um es zu erfahren. Man kann auch ohne die Anwesenheit des anderen erfüllt sein. Wenn du glücklich bist, spiegelt sich dieses Glück auch in deinen Beziehungen. Der andere sollte nicht als Mittel zum Zweck dienen.
- Falls du dich beim Klammern und Fordern erwischst, denke daran, daß wahre Liebe keine Zwänge kennt. Sie ist grenzenlos, frei und freut sich darauf, von dir erschlossen zu werden. Es gibt die Liebe, und es gibt das, was wir dafür halten: unsere extremen Sehnsuchtsattacken, in denen es nicht unbedingt um den anderen, sondern vielmehr um unsere eigene Bedürftigkeit geht.
- Tausche Bremse gegen Gaspedal! Übe dich darin, auf die Bremse

zu treten, wenn du eigentlich Gas geben wolltest! Konkret: Wenn alles in dir danach drängt, ihm hinterherzulaufen, tu es nicht! Auch wenn die Versuchung noch so groß ist, seine Stimme zu hören, um zu erfahren, ob er an dich denkt und was er empfindet oder schlicht, weil dich die Sehnsucht packt – sag dir: „Stop!" Und tu das Gegenteil. Nimm dir eine kleine Auszeit, um

- wieder zu dir zu finden
- dich daran zu erinnern, daß Nachlaufen ihn dir nicht näherbringt
- etwas Schönes zu unternehmen, was dein Herz erfreut und dich auf andere Gedanken bringt.

♥ Wenn alles in dir schreit: „rechts!", biege zur Abwechslung einmal links ab. Neues kann nur dadurch entstehen, daß du etwas Neues tust und eine andere Route nimmst, auch wenn es ungewohnt ist. Deine Gewohnheiten haben dich ja in der Vergangenheit deinem Ziel, eine erfüllte Beziehung zu führen, nicht nähergebracht.

♥ Auch auf die Gefahr hin, daß ich mich wiederhole: Gib die Illusion auf, deinen Liebsten verändern zu können. Du hast alle Macht, dein Leben zu bewegen, aber keine Macht, dich in seine Entscheidungen einzumischen. Wenn du etwas Entscheidendes in dir veränderst, sprich: dich auf neue Weise verhältst, verändert diese Veränderung ihn mit, weil du andere Reaktionen in ihm hervorrufst, andere Knöpfe drückst. Du machst den ersten Schritt – nicht auf ihn zu, sondern in Richtung wahrhaftiger Liebe.

♥ Schluß mit der Warterei als „Couch Potato"! Wenn du auf deinem Sofa neben dem Telefon Wurzeln schlägst mit der inneren Endlosansage in deinem Kopf: „Klingel, Telefon, klingel! Warum rufst du mich nicht an?" versinkst du nur in quälender Melancholie und Opferhaltung.

Steh auf und mach was! Singe, springe, tanze, geh raus, treibe Sport, triff dich mit Freunden! Tu alles dafür, locker zu werden, statt dich in unsäglicher Selbsthypnose in der Abhängigkeit zu verrennen. Diese fixierende, lähmende Energie des Wartens ist sonst wie ein Fahrstuhl zum Schafott für dich.

- ♥ Sitzen, zweifeln, grübeln, warten sind etwas, das du als genesende Liebesromantikerin aus deinem Tagesablauf streichen solltest! Auch wenn´s schwer fällt – werde aktiv für dich und andere! Es wirkt.
- ♥ Sehnsucht kann schön sein, wenn sie nicht überhand nimmt. Genieße deine Sehnsucht, statt dich von ihr komplett vereinnahmen zu lassen. Wenn du an ihn denken mußt, denke an ihn. Und dann nimm die Freude darüber, daß es ihn gibt, zum Anlaß, dein Leben zu verschönern. Aber denk dran: Die Regenbogenfarben, die du durch ihn gesehen hast, sind immer noch da – selbst dann, wenn er gerade nicht da ist. Und wenn es Liebe zwischen euch ist, ist er sowieso immer bei dir, denn ihr seid eins, egal wo auch immer ihr euch befinden mögt.
- ♥ Bist du die treibende Kraft in deiner Beziehung? Kunststück, Frauen sind einfach das stärkere Geschlecht (auch wenn sie dazu neigen, ihr Licht unter den Scheffel zu stellen und diese Kraft zu verleugnen) – schließlich waren sie mal Amazonen. Geh voran! Wenn dein Herzallerliebster nicht in die Gänge kommt, gib ihm behutsame Hinweise, was dein Anliegen ist. Werde locker, und laß ihm die Zeit, bis er seine treibende Kraft in sich entdeckt. Laß ihn sie entdecken und dich damit überraschen, statt immer schneller zu sein als er (siehe „Der Hase und der Igel“). Männer brauchen nun mal in der Regel länger, bis sie in die Puschen kommen. Wenn er dir trotz aller Geduld und Nachsicht zu langsam ist,

ist er vielleicht nicht der Richtige für dich und dein Tempo. Dann laß ihn los, statt aus einer Schnecke einen Formel-1-Rennwagen machen zu wollen.

- Sollte der Mann, der imstande ist, dich zu verzaubern, versuchen, dir Kompromisse schmackhaft zu machen, gegen die du dich sträubst, zeig ihm ganz deutlich, daß du diese Einladung in den falschen Film ablehnst. Du führst in deinem Leben die Regie, und du mußt dich nicht auf Erfahrungen einlassen, die du nicht machen möchtest.
- Befindest du dich in einer Beziehung, in der dich dein Partner herabsetzt, tritt klar für deinen Selbstwert ein. Wenn du deutlich machst, daß du dich liebst und respektierst, wird er immer weniger Dinge sagen oder tun, die deiner nicht würdig sind. Tut er es trotzdem, zeig ihm die kalte Schulter, und laß dich nicht auf Machtspiele ein. Niemand hat das Recht, dich in den Dreck zu ziehen oder dich in eine mißliche Lage zu bringen.
- Finger weg von einseitiger Liebe! Du verbrennst sie dir nur. Liebe läßt sich nicht erzwingen. Wenn der Mann deiner Wahl dir eindeutig sagt oder zeigt, daß er dich nicht auf die gleiche Weise liebt wie du ihn oder dich nicht lieben kann: Glaube ihm! Hör auf, dir sein Nein schönzureden. Dein Einsatz, ein Herz zu erobern, das nicht erobert werden will, ist vergebliche Liebesmühe, Zeit und Energieverschwendung. Marathonhaftes Durchhalten ist in solchen Fällen schmerzhaft, sinn- und würdelos. Deshalb: Sei auf liebevolle Weise streng zu dir, und distanziere dich – auch wenn's weh tut! Sollte er doch anders für dich empfinden, wird er auf dich zukommen.
- Beteuert dein Herzallerliebster dir hingegen seine tiefe Zuneigung, hält dich aber trotzdem hin, weil er noch gebunden ist, setz

*dir* eine Frist, wie lange *du* diese Situation noch akzeptieren willst und kannst. Ob er sich trennt oder nicht, sollte jedenfalls nicht die Prämisse oder Voraussetzung dafür sein, ob und wie dein Leben weitergeht. Bleib nicht stehen und warte, sondern geh deinen Weg! Treibe dein Leben voran, unabhängig davon, ob *er* an deiner Seite ist oder nicht. Auf diese Weise kannst du die undankbare Rolle der Geliebten verwandeln, denn wenn du dich unabhängig verhältst, ist es egal, was sich in seinem Leben abspielt – es kann deines nicht beschneiden. Von daher kannst du solch eine Situation zum Anlaß nehmen, deine „Unabhängigkeitsmuskeln" zu trainieren!

♥ Apropos Muskeln: Ist ein Marmortisch zu schwer für dich zum Heben, ist das nicht die Schuld des Tisches. Er wiegt, was er wiegt. Wenn du ihn anpacken willst, ist das deine Entscheidung. Dann solltest du deine Muskeln beziehungsweise deine Liebesfähigkeit stählen. Übertragen heißt das: Gib nicht *ihm* die Schuld an den Situationen, in die du kommst. Du verursachst sie mit, denn du hast dir diesen Mann ausgesucht! Und *du* hast auch die Kraft und die Weisheit in dir, sie zu meistern.

♥ Solltest du Single sein und noch auf den Mann deiner Träume warten, hier ein kleiner Trost: Erstens, er kommt ganz sicher in dein Leben, allerdings nicht frei Haus. Du mußt schon rausgehen und dich ins Leben stürzen. Bei aller Liebe: Glaub nicht, alles in deinem Leben würde positiv für dich, wenn *er* erst an deiner Seite wäre. Wir bauen uns schnell die Illusion auf, das Leben würde wunderbar und filmreif, wenn der Erlöser nur endlich da wäre. Natürlich ist die Liebe phantastisch und wundervoll. Doch Beziehungen bringen auch enorme Herausforderungen mit sich, die dich niemals arbeitslos werden lassen.

- ♥ Wenn dich dein Traumprinz schlecht behandelt – ist er keiner. Dann ist es Zeit, aufzuwachen und das Band zwischen euch zu zerschneiden. Ansonsten zerschneidest du dir dein Herz. Verwechsle tiefes Leid nicht mit tiefer Liebe. Tiefe Liebe lebt nicht in der Dunkelheit, sondern im Licht!
- ♥ Weite deinen Blick und dein Herz! Wenn du nur noch *ihn* siehst, läufst du Gefahr, den Rest der Welt zu vergessen. Ein guter Weg, dich von zu extremen Fixierungen zu lösen, kann auch sein, dich mit deinen Mitmenschen zu beschäftigen. Vielleicht braucht ein Freund, ein Nachbar, die alte Dame nebenan, ein Kind, ein Tier oder wer auch immer deinen Einsatz. Weite deinen Blick für die Welt, statt so zu tun, als gäbe es nur euch zwei. Wenn du dich von Herzen für jemanden in deiner Umgebung einsetzt (und damit ist kein Helfersyndrom gemeint), kommst du zu deiner wahren Kraft und erschließt Energien, die auch Freude und Leichtigkeit in dein eigenes Leben bringen.

  Verplempere nicht deine kostbare Lebenszeit mit Jammern, sondern entdecke das enorme Potential, das in dir steckt, und lebe es! Du hast eine wichtige und einzigartige Aufgabe in deinem Leben. Vergiß sie nicht vor lauter Liebe. Liebe ist dafür da, dich mit dem Leben zu verbinden, nicht dafür, daß du dich durch sie in quälenden Liebeskummer verstrickst und dich vom Leben abschneidest.
- ♥ Auch wenn du es nicht glauben magst: Es kann sehr gut sein, daß du für andere die geborene Beraterin in Liebesdingen bist. Das, was du anderen rätst, rätst du dir auch selbst, denn du und dein Unterbewußtsein hören ja mit. Hab also ein offenes Ohr für andere Liebessüchtige in deinem Leben. Euer Austausch kann große Erkenntnisse und Aha-Erlebnisse bringen.

- ♥ Lade täglich deine Batterien mit deiner Liebesenergie auf! Sie ist da, sie ist in dir. Genauso, wie du jeden Tagen essen, trinken und schlafen mußt, solltest du auch täglich etwas dafür tun, um mit ihr in Kontakt zu kommen, denn sie ist das Zentrum deines Lebens. Und wenn du dein Zentrum vernachlässigst, ist es logisch, daß du aus der Bahn gerätst. Wie du deine Liebesenergie erschließt, kann ich dir allerdings nicht sagen, denn jeder hat dafür seine eigene Methode. Meine ist wie gesagt die des Chantens des Mantras „Nam-myoho-renge-kyo". Dieser rhythmische Sprechgesang weckt sofort meine innere Lebensfreude, und diese zaubert ein Lächeln auf mein Gesicht, selbst dann, wenn ich es nicht für möglich halte. Sollte dich der Buddhismus Nichiren Daishonins interessieren, kontaktiere mich gerne dazu über meine Webseite.
- ♥ Und last not but least: Genieße dein Leben! Jetzt, hier und heute! Wenn du nicht weißt, wie, kümmere dich darum, daß du es zu einem Leben machst, das du genießen kannst. Der Verlauf deines Lebens liegt in deiner Hand. Du kannst die Verantwortung dafür nicht abgeben – auch nicht an einen Mann. Mangelnde Freude und Lebenslust sind, abgesehen von Kindheitstraumata, die Ursachen für die übermäßige Konzentration auf einen Mann (der dafür doch nichts kann). Er wird dir diese Leere jedenfalls nicht abnehmen können, selbst wenn er wollte. Also beginne selbst damit, sie zu füllen und neue Weichen in deinem Leben zu stellen: in Richtung der allumfassenden Liebe! Durch deine wachsende Lebensfreude entsteht ein Sog, der dich unwiderstehlich macht!

LAUF NICHT DEN MÄNNERN HINTERHER! LAß SIE SICH UM DICH BEMÜHEN! WENN DEIN PRINZ DAS NICHT TUT – IST ER KEINER.

# GÖTTIN

*Ja, es ist jetzt schon so lange her,*
*dein Herz ist schwer,*
*weil du was war so vermißt,*
*und so sehr du's auch suchst,*
*es gibt kein Zurück,*
*weil dein wirkliches Glück*
*längst schon in dir liegt.*

*Ja, es geht nur nach vorn, nie zurück,*
*das tut dir weh.*
*Was zählt, ist nur der Augenblick,*
*und ich hoffe,*
*du kannst das jetzt selber sehen*
*und die Kraft in dir wirklich verstehn.*

*Du hast so sehr vertraut*
*und trotzdem nächtelang geweint,*
*weil dein Traum dir für immer*
*ganz unmöglich erscheint.*
*Komm, schmeiß die Zweifel hin*
*und laß den Dingen ihren Sinn,*
*und beklag dich nicht,*
*daß etwas ganz Neues anbricht.*
*Wird höchste Zeit, daß du dich von Fesseln befreist,*
*wenn du sie spürst und wach wirst und schreist.*

*Komm, traure nicht dem nach, was war,*
*dreh dich nicht um,*
*dann wirst du den Zauber verstehen.*
*Und ein jeder Wunsch wird in Erfüllung gehen,*
*und dann kannst du die Göttin*
*in dir selber sehen.*

# Kontakt

Um Lösungen für dein Liebesdilemma zu finden, biete ich auch privates Coaching an. Wenn du Hilfestellung zum Thema Liebe, Liebessucht, Liebeskummer, Entfachen deiner Kreativität und Entdecken deiner einzigartigen Talente brauchst, kannst du mich über meine Webside erreichen:

www.juliakathan.de

Hier findest du Infos, wie du Coaching per Telefon mit mir vereinbaren kannst (auch in Englisch oder Italienisch) sowie Hinweise auf akuelle Workshops. Beides rund um die Themen

- Liebe & Liebessucht
- Beziehungen im allgemeinen
- deine einzigartigen Talente und Fähigkeiten
- der Garten deiner Gedankenwelt

Feedbacks oder Fragen zum Buch bitte ausschließlich über meine email:

info@juliakathan.de

Mein Motto: „Love is the exchange of joy!"
Raus aus dem Liebeskummer – hin zu wahrer Liebe zu dir und anderen.
Wirf alte Muster über Bord und mach dich bereit für neue, glücklichere Erfahrungen mit der Liebe!

# Literatur


- Ablass, Werner: *Leide nicht – liebe. Über die Liebe zur Liebe ohne Objekt*, Aachen 2004
- Bunzel-Dürlich, Beate: *Medialität und Hellsichtigkeit*, Aitrang 2007
- Beattie, Melody: *Kraft zum Loslassen*, München 1991
- Daishonin, Nichiren: *Gosho*, Band 1, Frankfurt 1986
- Frankh, Pierre: *Glücksregeln für die Liebe*, Burgrain 2006
- Fromm, Erich: *Die Kunst des Liebens*, Frankfurt/Berlin 1995
- Forward, Susan; Buck, Craig: *Die dunkle Seite der Liebe*, München 1999
- Gawain, Shakti: *Leben im Licht*, München 1986
- Georgian, Linda: *Liebe und Spiritualität*, München 1999
- Mellody, Pia; Wells-Miller, Andrea: *Wege aus der Co-Abhängigkeit*, München 2007

# Die Bestseller von Bärbel Mohr

Bärbel Mohr

## Der kosmische Bestellservice

**Eine Anleitung zur Reaktivierung von Wundern**

224 S., gebunden
€ 15,30 [D] • ISBN 978-3-930243-15-0

In diesem Buch vertieft Bärbel Mohr alle in ihrem Erfolgsschlager *Bestellungen beim Universum* angesprochenen Voraussetzungen zur Wunscherfüllung. In ihrem unnachahmlichen frech-fröhlichen, humorvollen Stil berichtet sie von den neuesten Bestellerfolgen, analysiert aber auch Mißerfolge und legt weitere Kriterien dar, die es im Umgang mit dem „kosmischen Bestellservice" zu beachten gilt. Außerdem hilft sie dem Leser, tiefverwurzelte Bedenken und Zweifel auszuräumen, die erfolgreiches Bestellen verhindern können. Ferner vermittelt sie eine Reihe extrem einfacher, aber wirksamer Rezepte zur Gestaltung der eigenen Realität und zur Reaktivierung von Wundern, die das Leben insgesamt leichter, erfüllter und fröhlicher machen. Zahlreiche zum Teil schier unglaubliche wahre Geschichten tragen zur idealen Grundschwingung für erfolgreiches Bestellen bei.

*Ein hoch motivierender Lesespaß für Neueinsteiger und „Fortgeschrittene"!*

Bärbel Mohr

## Reklamationen beim Universum

**Nachhilfe in Wunscherfüllung**

192 S., gebunden
€ 10,20 [D] • ISBN 978-3-930243-24-2

Wie man sich die Erfüllung seiner Wünsche beim Universum wie bei einem Versandhaus bestellen kann, erklärt Bärbel Mohr in ihrem Buch Bestellungen beim Universum. Was aber ist, wenn die Lieferung auf sich warten läßt? Nicht neu bestellen, sondern reklamieren, rät die Autorin. Wo? Natürlich beim Universum! Wie, das wird in dieser „Nachhilfe zur Wunscherfüllung" erklärt.

Häufig sind die Besteller einfach nicht offen genug, die Hinweise des Universums auf Lieferort und -zeitpunkt wahrzunehmen. Hier hilft der vorgeschlagene Wochenplan mit Übungen für jeden Tag, die eigene Intuition (und damit auch die Fähigkeit zur Lieferannahme) zu steigern.

Viel lernen kann der Leser auch aus den Bärbel am häufigsten gestellten Fragen zu ihren Büchern, auf die sie hier die Antworten vorstellt.

Mit vielen Tips, Tests und Antworten auf häufig gestellte Fragen.

Zu beziehen in jeder guten Buchhandlung

**Omega®-Verlag** G. Bongart & M. Meier (GbR)

Karlstr. 32 D-52080 Aachen
Tel.: 0241-16 81 630 • Fax: 0241-16 81 633
e-mail: info@omega-verlag.de http://www.omega-verlag.de

Fordern Sie auch unser kostenloses Verlagsverzeichnis an!

# Weitere Bücher aus dem Omega-Verlag

Jan Geurtz

## Suchtfrei

**Den Selbstbetrug durchschauen**

Eine neue Methode ohne Entzugserscheinungen

328 S., gebunden, € 15,30 [D] • ISBN 978-3-930243-41-9

Jeder Mensch hat ins seiner Kindheit eine Zurückweisung durch die Eltern erfahren, die zu dem negativen Glauben führt, nicht gut zu sein, so wie man ist. Jeder hat seine eigene Methode gefunden, den daraus resultierenden grundlegenden Selbstzweifeln, dem Gefühl von Unzufriedenheit, Wertlosigkeit oder Leere zeitweilig zu entfliehen: mit harten oder weichen Drogen, Medikamenten, Alkohol, Rauchen, Spiel-, Eß-, Sex- oder Beziehungssucht, sonstigen Süchten wie z. B. der nach Fernsehen, Internet oder PC-Spielen oder starker Selbstkontrolle. Dabei ist manchen ihr zwanghaftes Verhalten nicht einmal bewußt.

Der Niederländer Jan Geurtz entlarvt den all diesen Phänomenen zugrunde liegenden Selbstbetrug und zeigt einen Ausweg aus diesem Teufelskreis. Der Erfolg seines ersten Buches *De Opluchting* (Aufatmen. In nur einem Tag endgültig zum Nichtraucher), das in seinem Heimatland allein durch Weitersagen zu einem Bestseller wurde, belegt die Stimmigkeit seines Konzeptes.

Ramona B. Wagner

## EFT – Emotionale Freiheit

**Eine einfache Selbsthilfetechnik**

80 S., broschiert, € 6,95 [D] • ISBN 3-930243-29-6

Die „Emotional Freedom Technique", kurz EFT, geht davon aus, daß psychische Störungen auf Blockaden im Energiesystem des Körpers beruhen. Um die blockierte Energie wieder in Fluß zu bringen, werden spezielle Akupunkturpunkte, die direkt unter der Haut liegen, mit zwei Fingern beklopft, während man an das zu kurierende Symptom denkt.

Auf diese Weise können EFT-Anwender häufig selbst bei schwerwiegenden seelischen Problemen oder bei psychisch bedingten körperlichen Beschwerden in kürzester Zeit Erleichterung finden. Dies gilt sowohl für akute Beschwerden (Schmerzen, Traurigkeit, Prüfungsangst) als auch für langwierige Probleme (Zwänge, Ängste, Phobien, geringes Selbstwertgefühl etc.).

Zu beziehen in jeder guten Buchhandlung

**Omega®-Verlag** G. Bongart & M. Meier (GbR)

Karlstr. 32 D-52080 Aachen

Tel.: 0241-16 81 630 • Fax: 0241-16 81 633

e-mail: info@omega-verlag.de http://www.omega-verlag.de

Fordern Sie auch unser kostenloses Verlagsverzeichnis an!